M. Rotsaert, SJ - R. Zas Friz De Col, SJ
(a cura di)

INIZIAZIONE ALLA VITA SPIRITUALE

Pontificia Università Gregoriana
Pontificio Istituto Biblico

ROMA 2017

Impaginazione a cura degli Autori
Cover: Serena Aureli

© 2017 Pontifical Biblical Institute
Gregorian & Biblical Press
Piazza della Pilotta, 35 - 00187 Roma, Italy
www.gbpress.org - books@biblicum.com

ISBN: 978-88-7839-366-0

Presentazione

Il Centro di Spiritualità Ignaziana della Pontificia Università Gregoriana ha dato inizio alle sue attività nel maggio dell'anno 2012. Non essendo indirizzato al rafforzamento della vita accademica nell'area della spiritualità, compito dell'Istituto di Spiritualità della medesima università, si presenta con una doppia finalità. Da una parte, offre agli studenti dell'Università corsi di informazione e di formazione sulla spiritualità ignaziana; dall'altra, il Centro si apre al grande pubblico della città di Roma con la finalità di contribuire a una maggiore conoscenza dell'apporto specifico della Compagnia di Gesù allo sviluppo della vita cristiana nelle sue diverse dimensioni.

Riguardo all'offerta accademica intra-universitaria, il Centro propone, dall'anno accademico 2014-2015, due corsi opzionali per gli studenti degli ultimi due anni del primo ciclo di teologia, su Sant'Ignazio e sugli *Esercizi Spirituali*. Dall'anno 2012 si è costituito un gruppo interdisciplinare di docenti attorno a un seminario di ricerca sul rapporto tra spiritualità ignaziana e filosofia trascendentale. Si sono realizzate cinque conferenze pubbliche studiando il rapporto della spiritualità ignaziana con autori come Joseph Marechal, Karl Rahner, Johannes Baptist Lotz, Juan Alfaro, Joseph de Finance. Tutte le relazioni sono state pubblicate in *Ignaziana,* la rivista del Centro. In effetti, da giugno dello stesso anno, il 2012, il Centro diffonde attraverso *Ignaziana* la ricerca sulla spiritualità ignaziana che si realizza nell'Università Gregoriana e anche le attività che promuove. È una rivista che si pubblica soltanto *on line*, con accesso diretto a tutti gli articoli, con la possibilità di leggerli sul sito o stamparli gratuitamente (www.ignaziana.org).

Inoltre, dall'anno accademico 2017-2018 il Centro, insieme all'Istituto di Spiritualità dell'Università, ha attivato un diploma di spiritualità ignaziana della durata di un anno. Si tratta di un programma di studio che consta di otto corsi prescritti, quattro opzionali e tre seminari, ma anche di esperienze guidate di accompagnamento spirituale e vocazionale e di lavoro in *equipe*.

Il Centro ha orientato le sue attività verso il pubblico esterno all'Università su due binari: offrendo un programma di formazione per *Accompagnatori Spirituali* e cicli di conferenze pubbliche. Il programma ha avuto inizio nell'anno 2013 e si offre ogni anno. È diviso in tre moduli di quattro giorni ciascuno, con lo scopo di fornire competenze di base per l'accompagnamento spirituale personale.

Riguardo ai cicli di conferenze, se ne sono realizzati diversi. Per esempio, sulla storia della Compagnia di Gesù (*Soppressione e Restaurazione della Compagnia di Gesù*, ottobre-dicembre 2012; *Gli anni dopo Ignazio*, ottobre-novembre 2015; *Roma agli albori della Compagnia di Gesù*, aprile-maggio 2016); sulla sua missione (*Spiritualità e missione*, ottobre-dicembre 2013) e le sue attività (*Una spiritualità per il dialogo e la riconcialiazione*, ottobre 2012-gennaio 2013; *Il nostro modo di procedere* (marzo-aprile 2014). Altri cicli sono stati offerti sul rapporto della spiritualità con l'arte (marzo-maggio 2013; *Arte, fede, spiritualità*, ottobre-novembre 2014) e con la politica (novembre 2013-gennaio 2014).

Con l'esperienza acquisita nei primi anni di attività e volendo rispondere all'interesse che il pubblico presente ha mostrato rispetto ad argomenti sulla spiritualità ignaziana, dall'anno 2014 il Centro ha offerto anche percorsi formativi incentrati sul vissuto ignaziano. Per esempio, quello sui fondamenti della vita cristiana, da una prospettiva ignaziana (novembre-dicembre 2014), sul testo degli Esercizi Spirituali (ottobre-giugno 2014-2015 e ottobre-maggio 2015-2016), sulla preghiera negli *Esercizi* (ottobre-novembre 2015), sulla mistica ignaziana (marzo-aprile 2017).

L'intuizione iniziale, che intravedeva nel pubblico partecipante alle diverse attività del Centro un interesse vivo per temi fondamentali del vissuto ignaziano, si è confermata chiaramente. Molte persone cercano un approfondimento della loro vita cristiana e trovano nella spiritualità ignaziana la mediazione più opportuna e confacente alle loro esigenze. In questo senso il Centro vuole, adesso, non solo rendere fruibili attraverso la sua rivista *on line Ignaziana* (www.ignaziana.org) diversi materiali presentati nei cicli, ma offrire anche in un piccolo libro le conferenze del ciclo realizzato sull'iniziazione alla vita spirituale durante i mesi di ottobre e novembre dell'anno 2016.

Sette professori e docenti dell'Istituto di Spiritualità dell'Università Gregoriana hanno accettato gentilmente di dare contenuto a questo percorso. E ciascuno l'ha fatto con il suo caratteristico stile.

La prima conferenza, di Rossano Zas Friz De Col s.j., è un'introduzione generale al ciclo. In essa l'autore delinea il contesto di secolarizzazione generalizzata che attualmente condiziona la recezione storica della rivelazione cristiana. Su questa impostazione, che funge da orizzonte di riferimento, si sono sviluppati gli argomenti successivi per rispondere all'esigenza di offrire oggi un percorso iniziatico alla vita spirituale.

Così, la seconda conferenza tenuta da Don Fabrizio Pieri, avvia il lettore al mondo nel quale è nato il cristianesimo. Con una conoscenza profonda dei testi del Vangelo, Don Fabrizio spiega come Gesù iniziava i discepoli alla vita spirituale nell'esperienza intima con Lui. L'iniziativa viene da Gesù che forma i discepoli ad essere suoi amici mediante una 'trasfigurante cristificazione'. Ma c'è anche la vocazione di ogni cristiano a divenire "il discepolo che Gesù amava" (Gv 13, 23; 20,2; 21,7), il discepolo che può dire con san Paolo: "non sono io che vivo, ma Cristo vive in me" (Gal 2,20).

La terza conferenza, offerta da Rogelio García Mateo s.j., introduce nella dinamica degli *Esercizi Spirituali* di Sant't Ignazio di Loyola. In una prima parte storica, l'autore mostra come lo stesso Ignazio abbia scoperto si essere gradualmente guidato dallo Spirito. La sua esperienza spirituale diventa la sorgente del suo modo di *aiutare gli altri*. Ignazio si rivelava un maestro nella conversazione spirituale e nel discernimento spirituale. Perciò gli *Esercizi Spirituali* sono un cammino intrecciato di un insieme di esercizi che "vogliono aiutare a scegliere e concretizzare i parametri della vita secondo il Vangelo, ponendosi sotto la forza trascinante dello Spirito Santo, che purifica e discerne, capacitando a considerare gli eventi personali, ecclesiali e sociali con libertà e creatività evangeliche", come dice García Mateo.

Emilio González Magaña s.j. presenta la quarta conferenza, che tratta dell'iniziazione alla vita spirituale considerata dal punto di vista del ruolo di colui che accompagna chi intende iniziare e approfondire la sua vita cristiana. Un mestiere, quello dell'accompagnatore spirituale, esercitato secondo l'autore da colui che è in grado di 'dare modo e ordine nella vita spirituale'.

La quinta conferenza è ad opera di Pavulraj Michael s.j. In essa si spiega lo sviluppo della vita spirituale in tre tappe, come delineato dalla tradizione della Chiesa latina: purificazione, illuminazione e unione. L'analogia del cammino è adatta ad interpretare tale sviluppo, secondo l'autore: "Come il cammino è fatto di tappe intermedie prima di raggiungere la meta o il traguardo del viaggio, così nella Vita Spirituale l'uomo non può raggiungere Dio se non percorrendo le tappe del cammino spirituale che conduce a Lui".

La conferenza successiva, di Anton Witwer s.j., mostra l'importanza di avere una vita spirituale oggi nell'Occidente secolarizzato, dove la Chiesa ha perso molta influenza sociale. Bisogna scoprire di nuovo la fede come un dono di Dio in un mondo frantumato che ha bisogno di essere guarito. L'amore di Dio è capace di farlo. Inoltre, necessitiamo anche dell'aiuto degli altri per vivere la fede nella comunità della Chiesa, con i sacramenti, specialmente con l'eucaristia, cuore della vita cristiana.

La settima e ultima conferenza, tenuta da Paul Rolphy Pinto s.j., riprende diversi elementi che sono stati presentati nelle conferenze precedenti. Ne evidenzia specialmente la dimensione pratica della preghiera e del discernimento, così come quella del silenzio interiore, della conversazione spirituale e della disponibilità della propria volontà verso Dio (l'indifferenza ignaziana).

Il *Centro di Spiritualità Ignaziana*, con la pubblicazione di questo volume, vuole, da una parte, offrire un aiuto cartaceo a coloro che hanno partecipato a questo percorso formativo, in modo da poter riprendere comodamente quello che hanno ascoltato; e, dall'altra, fornire a un pubblico più ampio un testo introduttivo per approfondire diversi aspetti importanti che avviano a un'iniziazione alla vita cristiana dalla prospettiva della tradizione inaugurata da Sant'Ignazio.

Mark Rotsaert, s.j.
Direttore del Centro di Spiritualità Ignaziana

Contesto socio-religioso attuale e vissuto cristiano

di Rossano Zas Friz De Col S.J.

Lo scopo di questa conferenza, ma in realtà di tutto il ciclo che si è organizzato, è mostrare come l'attuale contesto socio-religioso sia un'opportunità per la spiritualità cristiana, se interpretato in un certo modo. Perciò questa relazione vuole delineare l'orientamento di tale interpretazione.

In primo luogo accennerò a quello che considero il nodo principale da sciogliere, il rapporto tra spiritualità e religione, come introduzione alla comprensione di cosa si intende oggi per spiritualità nell'immaginario sociale, per poi tracciare un breve profilo della genesi di questa situazione. Solo dopo questo percorso necessario potremo pensare a come presentare il vissuto cristiano radicato nella nostra tradizione e che, allo stesso tempo, vada incontro alle sfide odierne.

1. Spiritualità e religione

Secondo David Tacey,[1] è in atto un modo nuovo di comprendere la religione e la spiritualità, in Occidente e in Oriente. Un fattore decisivo per questo cambiamento è il crollo della fiducia nella politica e nei politici per cambiare il mondo: essa non trasmette né speranza né senso. Come nei politicamente felici anni '70 e '80.

Così, la spiritualità si apre come la possibilità di un rapporto con la realtà che sia, simultaneamente, sensitiva, contemplativa e trasformante; che conduca al ritrovamento di se stessi, nel rispetto del mistero dell'esistenza. Una situazione nuova che pone fine al predominio ideologico dell'umanesimo dettato dall'Illuminismo con la sua negazione della religione e il rifiuto della spiritualità. A causa del rovesciamento della situazione precedente si parla oggi di modernità avanzata, di post-modernismo o, anzi, di post-cristianesimo.

---

[1] David Tacey, *The Spirituality Revolution. The Emergence of Contemporary Spirituality*, Brunner-Routledge, Hove - New York 2004. Abbreviamo *DT*, seguito dal numero della pagina.

Tuttavia, non manca di essere questa una situazione paradossale dove il richiamo della 'spiritualità' proviene dall'interno di un'organizzazione sociale che ha seminato e nutrito un lungo processo di secolarizzazione. Di fronte a questo paradosso, le religioni tradizionali trovano difficoltà ad auto-comprendersi e innovare il loro approccio religioso e spirituale nel nuovo contesto. Perciò il bisogno di una rinnovata comprensione dell'accaduto e di un nuovo linguaggio del vissuto cristiano per interloquire con esso.

In effetti, la 'spiritualità' si percepisce oggi come sinonimo di spontaneità, apertura e disponibilità, con una dimensione olistica che promuove la democrazia, la pienezza e la completezza, mentre la religione si percepisce piuttosto come un'istituzione rigida, dottrinale, moralizzante, autoritaria, promotrice di una 'perfezione' irraggiungibile, con segni di unilateralità e fonte di disuguaglianza (cf. *DT* 31).

Se la 'forma' non esprime il vissuto, la 'forma' si scarta, ma rimane il vissuto: mentre i sociologi dichiarano che il nostro tempo è secolarizzato, psicologi e terapeuti riportano che il sentimento religioso è molto spesso 'sepolto' nell'interiorità degli individui (cf *DT* 31-32).

Per esempio, in tempi di stabilità culturale il vissuto religioso si esprime in modo fluido nella tradizione di appartenenza, anche se non sempre raggiunge tutti in ugual modo. La preoccupazione religiosa è quella di assicurare che tutti pensino ortodossamente e agiscano secondo la morale stabilita. L'accento non va messo sul vissuto di un rapporto immediato e personale con Dio perché la cultura stessa lo trasmette, dandolo per supposto nella vita familiare o nella formazione dei bambini in parrocchia, ecc. Invece, in tempi di crisi, la precedente fluidità culturale e religiosa si interrompe, non è più viabile perché non rilega più a Dio: il rapporto con i suoi simboli e le sue 'forme' non è più percepito spontaneamente, diventano senza significato, in-significanti. La crisi del rapporto tra vissuto cristiano e vita familiare oggi lo evidenzia drammaticamente. Non solo è crisi delle forme cristiane, né solo crisi della famiglia, è la crisi della cultura che produce entrambe.

Il vissuto religioso smette di essere spirituale e lo spirituale religioso, ma la domanda spirituale rimane, cercando nuove mediazioni mentre si allontana da quelle tradizionali. Le riserve simboliche si sono esaurite (cf *DT* 32). Così, le energie vitali soggiacenti all'*élan* spirituale tornano volatili, instabili, ambigue e complesse, criticando le forme simboliche precedenti, ma anche le istituzioni religiose, politiche, educative, ecc., come primo passo nella ricerca di nuove formulazioni per le proprie esigenze interiori (cf *DT* 35).

Nell'immaginario attuale si riflette la crisi in cui viviamo: la nuova spiritualità della ricerca ha occupato il posto della stabilità religiosa e delle sue pratiche tradizionali. Si presenta disordinata, mutevole, perfino caotica e anarchica (cf *DT* 37). Rifiuta qualsiasi gerarchia, ha un'impostazione democratica di fondo per un'accoglienza paritaria di tutti, lontana dall'impostazione delle religioni tradizionali con il loro clero e le loro distinzioni. Ognuno si organizza spiritualmente secondo la sua coscienza e alimenta la sua esperienza con letture, pratiche e attività diverse, scegliendo il 'guru' che più gli conviene. Si tratta di un atteggiamento molto diffuso fondato sulla convinzione che qualsiasi scelta se non è frutto dell'esperienza e del vissuto personale non è autentica (cf *DT* 38-39). È un nuovo paradigma.

2. La spiritualità secolare come nuovo paradigma

In effetti, la religione tradizionale non 'tocca' più il cuore delle persone, si presenta distante e lontana dalla gente, irrispettosa della coscienza, perché presenta un Dio che sta agli antipodi dei valori della vitalità. Di qui la necessità di andare oltre la filosofia, la metafisica, la teologia, le prove dell'esistenza di Dio e al di là di tutto quel discorso che le religioni dottrinali fomentano. La spiritualità non ha bisogno di tali argomenti, è sufficiente la presenza del Mistero nel mondo, che è più importante dei rituali e delle liturgie. La spiritualità è orientata verso un incontro interiore, intimo e intenso con il mistero della vita che si fa presente attraverso la realtà e la quotidianità. Un'esperienza olistica che non cerca la perfezione dell'anima, ma l'autenticità personale nell'integrazione del corpo, della mente e dello spirito nel vissuto armonioso della sessualità e del rapporto con la natura (cf *DT* 128, 163-164).

È lo scontro di due paradigmi diversi: quello vecchio, radicato nell'Illuminismo, sostenuto dalla prospettiva accademica tradizionale e dai professionisti della religione, che non fomenta il vissuto spirituale, e quello nuovo radicato nel vissuto di una fame di 'qualcosa di più' che cerca il contatto con il fondamento della realtà (cf *DT* 203-205).

La principale differenza tra i due approcci risiede nell'importanza data all'interiorità e al coltivare e sviluppare la vita interiore. La spiritualità è ricerca e comprensione di un viaggio interiore, invece la religione convenzionale rimane esterna al 'self' e molto lontana dalla situazione storica (cf *DT* 205).

Questa convinzione non è una moda o un tentativo di fuggire dalla realtà molto complessa in cui ci troviamo. Piuttosto è la reazione a una diffusa alienazione, scoraggiamento, delusione, alla mancanza di relazionalità e connettività della vita attuale: "richiamare la spiritualità è richiamare la salvezza e la connettività. È ammettere che siamo divisi e lontani dal diventare un' unità. È da riconoscere che le nostre vite sono frammentate e che speriamo in un mistero che metta assieme le parti" (*DT* 215).

Per Tacey la soluzione non è la deistituzionalizzazione della religione, ma piuttosto l'assunzione, da parte della religione, della dimensione del mistero per nutrire la fame di spiritualità attuale e rivelarne la sapienza che l'abita.

Prima di abbozzare una risposta dal cantiere del vissuto cristiano e per meglio proporla, è necessario chiedersi: "Come siamo arrivati a questa situazione in Europa, dopo duemila anni di cristianesimo?". La prospettiva storica evidenzia la dinamica dei diversi fattori che hanno interagito nel lento processo che ha portato attraverso i secoli alla situazione presente. Secondo Charles Taylor, la civilizzazione occidentale

> "ha conosciuto una trasformazione titanica. Non solo siamo passati da una condizione in cui la maggior parte delle persone viveva 'ingenuamente' entro una certa prospettiva (in parte cristiana, in parte legata a 'spiriti' di derivazione pagana) come se fosse la pura e semplice realtà, a una in cui quasi nessuno fa più questa esperienza, mentre tutti considerano la propria posizione come una tra le tante. [...] Ma siamo anche passati da una condizione in cui la credenza era l'opzione automatica non solo per le persone semplici ma anche per coloro che conoscevano, consideravano, discutevano l'ateismo, a una condizione in cui per un numero sempre crescente di persone le prospettive dei non credenti sembrano di primo acchito le sole plausibili" (T 25-26).

3. Genesi della religione secolare

Per spiegare questa trasformazione presentiamo una breve rassegna storica, cominciando dagli antecedenti della Riforma, la Riforma stessa e le sue conseguenze nei secoli successivi. Seguiamo Charles Taylor nella sua opera *L'età secolare*.[2]

3.1. I preludi della Riforma

L'effetto del nominalismo e della nuova scienza rinascimentale sulla cultura europea lascia un segno profondo: "Non si tratta più, infatti, di ammirare un ordine normativo, in cui Dio si è rivelato mediante i segni e simboli. Dobbiamo piuttosto dimorare in esso come agenti della ragione strumentale che fanno funzionare efficacemente il sistema per realizzare gli scopi divini; poiché è tramite questi scopi e non tramite i segni che Dio si rivela nel suo mondo" (T 133). Il cosmo cessa di essere una sinfonia da ammirare per diventare una macchina che bisogna comprendere per trasformarla grazie alla ragione di cui Dio ha dotato la condizione umana. Se la ragione è lo strumento divino per capire e compiere la volontà divina, mediante la ragione scientifica si trasforma la natura per ricrearla. Una nuova situazione che adesso "esige che lavoriamo su noi stessi, che non lasciamo le cose come stanno, ma le cambiamo alla radice: implica una lotta per riplasmarsi" (T 137). Dal sapere contemplativo si passa a quello trasformativo, sebbene rimanga ancora un umanesimo fondato religiosamente sul cristianesimo.

È importante rilevare che questo modo di pensare è patrimonio soltanto di un'élite intellettuale che poco a poco si stacca dalla cultura popolare fin qui imperante, dando luogo a un divario crescente, anche se si rimane ancora in un contesto religioso.

3.2. La Riforma

Il distacco culturale accennato tra un'élite e il popolo si produce anche nella Chiesa, a causa dell'influsso dell'arte e della scienza rinascimentale sul clero colto, mentre il popolo trasmette e alimenta il suo vissuto cristiano grazie alla religiosità popolare. La Riforma protestante vuole rompere questo doppio binario proprio del mondo cattolico, stabilendo l'uniformità tra i credenti, fondata sulla concezione teologica della salvezza mediante la sola fede. Così, senza clero e senza professionista della perfezione, la vita religiosa dei tre voti, si raggiunge una certa uniformità tra i credenti: tutti sono chiamati ugualmente alla perfezione evangelica.

---

[2] CH. TAYLOR, *L'età secolare*, edizione italiana a cura di P. Costa, Feltrinelli, Milano 2009; citiamo T seguito dal numero della pagina.

L'assenza del clero produce il vuoto sacramentale e dei sacramentali e, di conseguenza, la religione e il mondo si 'disincantano'. Nasce una nuova mentalità umanistica in cui la ragione strumentale si applica non solo in rapporto alla natura, ma anche alla vita sociale con lo scopo di stabilire una società ordinata. In questo modo la ragione esige, dal singolo e dalla società come corpo, la pratica volontaristica della virtù in modo da raggiungere il benessere e la prosperità terrenale, diluendosi poco a poco l'orizzonte escatologico della vita cristiana. Tuttavia, in queste circostanze, Dio non è tolto dall'orizzonte, è considerato ancora la fonte della ragione e l'uomo creato a immagine e somiglianza sua, anche se la ricerca della perfezione individuale e sociale si centra sempre di più storicamente, sbiadendo progressivamente la dimensione escatologica della vita cristiana.[3]

Lo sviluppo della semente piantata dalla Riforma porta, con l'Illuminismo, alla diffusione del deismo nel secolo XVII e alla negazione di Dio nei secoli successivi, fino agli sviluppi della spiritualità secolarizzata dei nostri giorni.

3.3. Il deismo provvidenzialista del secolo XVII

Una conseguenza del nuovo impianto teologico proposto dalla Riforma è il considerare Dio come creatore e benefattore, che ha lasciato però agli uomini la realizzazione del suo progetto, senza che questa rea-

---

[3] "Tutti questi tentativi di riforma e organizzazione sono accumunati da alcuni tratti ricorrenti: (1) sono attivisti; ricercano le misure più efficaci per riordinare la società; (2) sono uniformizzanti: il loro obiettivo è applicare un singolo modello o schema a tutto e tutti; si sforzano di eliminare le anomalie, le eccezioni, le popolazioni marginali e tutti i tipi di non conformisti; (3) sono omogeneizzanti; sebbene operino ancora in società basate su differenza di rango, tendono in generale a ridurre le differenze, a educare le masse e a renderle sempre più conformi agli standard che governano i comportamenti delle élite. Questo aspetto risulta molto chiaro nelle riforme ecclesiastiche, ma vale anche per i tentativi di ordinare le vite individuali tramite gli 'stati di polizia'; (4) sono anche 'razionalizzanti' nella duplice accezione weberiana del termine. Non solo implicano, cioè, un uso più ampio della ragione strumentale nel processo stesso dell'attivismo riformatore, così come nella definizione di alcuni dei fini della Riforma (ad esempio nella sfera economica), ma si propongono anche di ordinare la società intorno a un insieme coerente di regole (la seconda dimensione weberiana della razionalità: *Wertrationalität*). Tutto ciò, sommato alla spinta connaturata alle riforme religiose, favorì il disincantamento del mondo e l'abolizione della società basata sull'equilibrio gerarchico, fosse quello tra élite e masse o quello riflesso nel carnevale e nel 'mondo messo sotto-sopra' " (T 118-119).

lizzazione richieda un intervento speciale e ancora meno miracoloso da parte Sua. Si cede il passo a una concezione antropocentrica della provvidenza divina: bisogna cercare la prosperità, con i mezzi dati da Dio, cioè la ragione e l'operosità umana, per soddisfare il mutuo interesse dei cittadini nella ricerca del beneficio generale. A tale scopo basta avere fiducia nelle proprie forze umane per compiere la volontà divina.[4]

Un'altra conseguenza è la promozione e la consolidazione di un ordine impersonale fondato su un rapporto con Dio non più personale e immediato, ma mediato dall'ordine virtuoso del singolo e della società: "Ciò che avviene è in sostanza un progressivo distacco dalle concezioni cristiane ortodosse di Dio come agente che interagisce con gli uomini e interviene nella storia umana, è il passaggio a un'immagine di Dio come architetto di un universo operante secondo leggi immutabili, a cui gli esseri umani devono conformarsi oppure subirne le conseguenze" (T 346). Da una parte, non c'è più bisogno della grazia divina per compiere la volontà di Dio e, dall'altra, scompare il senso religioso del mistero per essere sostituito, più razionalmente, dall'enigma da risolvere.

Inoltre, appare il bisogno di liberarsi, mediante la ragione, dalla religione concepita secondo la tradizione cristiana. Dio non è più necessario per l'ordine personale e sociale, c'è un *Ordine Morale Moderno* fondato sull'abnegazione finalizzata alla prosperità generalizzata, rendendo superfluo ogni tentativo di trascendere la prosperità stessa: "Di conseguenza, solo l'abnegazione finalizzata alla prosperità generale (nella sua nuova definizione) era ammissibile in quanto scelta naturale e razionale, anch'essa solo entro limiti ragionevoli. Tutto il resto veniva condannato come stravaganza o 'entusiasmo'" (T 317).[5] Non

---

[4] "Da garante del trionfo, o quantomeno della solidità del bene, un mondo di spiriti e forze dotate di significato, Dio si trasforma (1) nell'indispensabile fonte di quel potere ordinatore con cui disincantiamo il mondo e lo volgiamo ai nostri fini; inoltre, in quanto origine della nostra esistenza, spirituale e materiale, egli (2) esige la nostra lealtà e venerazione, una venerazione che è ora più pura essendo svincolata dal mondo incantato" (T 300-301).

[5] Un nuovo quadro di riferimento in cui "gli esseri umani formano le società sotto le disposizioni normative dell'Ordine Morale Moderno e raggiungono i loro scopi utilizzando i doni della natura, con l'aiuto di una conoscenza accurata di essa e i congegni che successivamente prenderanno il nome di tecnologia. Tali agenti, inoltre, acquisiscono la conoscenza esplorando gli ordini impersonali con l'ausilio della ragione distaccata. È quest'ultima a definire ora la condizione epistemica umana" (T 376-377).

c'è bisogno di Dio e della sua grazia come motivazione per la trasfor-mazione dell'uomo e della società.

Secondo Taylor "il cambiamento davvero fatidico per la storia che sto raccontando consiste nel restringimento degli scopi della divina provvidenza. I fini che Dio ha previsto per noi si riducono infatti al-l'unico obiettivo della realizzazione di tale ordine del beneficio reci-proco da lui progettato per noi" (T 285-286). Questa inversione "è il cuore e l'origine della 'secolarizzazione' moderna, nel terzo senso in cui ho utilizzato tale termine, quello cioè delle nuove condizioni in cui la credenza e la non credenza coesistono precariamente e spesso en-trano in conflitto nella società contemporanea" (T 378).

Una tale prospettiva colloca Dio al secondo posto, promuovendo l'uomo al primo. L'uomo è l'artefice della storia e del progresso per il profitto, la prosperità e il beneficio reciproco dei cittadini. Non c'è più bisogno di chiedere aiuto alla grazia divina: il giudizio divino rica-drà sulla bontà delle realizzazioni storiche. Si perde in questo modo il senso del mistero della provvidenza e dell'azione della grazia, conside-rati tradizionalmente come gli agenti fondamentali della trasformazio-ne interiore, frutto del rapporto personale con Dio in un orizzonte temporale metastorico, escatologico. Nasce così l'umanesimo esclusi-vista: 'esclusivista' perché ha escluso Dio come interlocutore e fonte della trasformazione interiore.

3.4. I secoli XVIII e XIX

Durante il secolo XVIII la nuova mentalità ha maggiore diffusio-ne, ma resta comunque ancora forte l'influsso del cristianesimo nel-l'immaginario sociale. La grande novità è che nel secolo successivo, il XIX, questa concezione dell'esistenza diventa l'orientamento predo-minante dell'immaginario sociale. Se nel secolo precedente si conser-vano ancora le radici cristiane di una mentalità non cristiana, adesso si criticano lo stesso umanesimo esclusivista e il deismo da una prospet-tiva che rifiuta le radici religiose.

L'uomo è al centro del mondo e unico referente del suo agire, ac-quistando sempre di più "un senso di potere, di idoneità, derivante dalla capacità di dare ordine al proprio mondo e a se stessi. E, nella misura in cui tale potere era legato alla ragione e alla scienza, anche il senso di aver fatto grandi progressi in termini di conoscenza e com-prensione" (T 383). Durante l'Ottocento l'io prende possesso di sé, si concepisce autosufficiente e sicuro, senza il bisogno di alcun riferimento implicito o esplicito a Dio. L'ordine sociale prescinde dalla religione, il tempo si secolarizza, così come la cultura.

Paradossalmente, cresce al contempo un malessere interiore: "Le nostre azioni, i nostri fini, le nostre conquiste ecc. mancano di peso, gravità, densità, sostanza. Manca loro una risonanza più profonda che sentiamo dovrebbe esserci" (T 391). Taylor interpreta quel malcontento come "un diffuso senso di disagio nei confronti del mondo disincantato, che a molti appariva piatto, vuoto; una multiforme ricerca di qualcosa all'interno o al di là di questo mondo in grado di compensare il significato dissoltosi insieme alla trascendenza; e questo non può essere considerato un tratto tipico di quell'epoca ma un disagio comune anche alla nostra" (T 385). Il paradosso: "sin dall'inizio il fenomeno più notevole è stato proprio la nascita di un gruppo sempre più numeroso di persone che, pur rifiutando il cristianesimo ortodosso, erano alla ricerca di fonti spirituali alternative" (T 385).

La ricerca di una terza via tra fede religiosa e ateismo nasce da questa situazione culturale in cui si ha la percezione interiore della perdita di 'qualcosa' rispetto al passato: la perdita di senso. Secondo Taylor, la ricerca di senso è un fenomeno proprio della modernità, che si acutizza nella post-modernità. La radice di un tale atteggiamento è il dubbio che "ci sia soltanto una cosa necessaria" (Lc 10, 42). È un malessere che penetra da per tutto, inavvertitamente, come l'umidità, accompagnando la vita quotidiana come "priva di una risonanza più profonda [...]; le cose che ci circondano possono apparire morte, brute, vuote, e il modo in cui le organizziamo, le plasmiamo, le sistemiamo per vivere [sembra] non abbia significato, bellezza, profondità, senso. Di fronte a questo mondo insensato può venire una specie di 'nausea'" (T 392-393).

Tuttavia, la consapevolezza di una tale situazione vitale non spinge alla ricerca di una trascendenza nel senso cristiano tradizionale, ma piuttosto in un senso secolarizzato. Oramai la ricerca di senso che aveva luogo tradizionalmente in un'atmosfera religiosa (cristiana) si è secolarizzata. Nessun dubbio sul bisogno di darsi un senso, anzi, è una richiesta esistenziale. Ma non lo si cerca più spontaneamente nell'ambito della religione, perché si ha l'impressione che castri le energie vitali. Questa è la grande svolta. La ricerca di senso si avvia adesso, per esempio, "progettando di creare un nuovo mondo di giustizia e prosperità. E analogamente, senza fare appello alla religione, si può cercare di fare risonanza alla vita quotidiana, alla natura e alle cose che ci circondano, facendo leva sul nostro più profondo senso interiore" (T 394-395).

La ricerca non si orienta più spontaneamente verso una trascendenza forte, religiosa, piuttosto si immanentizza e si moltiplicano le risposte, frammentandosi: "il XIX secolo è stato proprio il periodo in cui la gamma di alternative alla religione è diventata progressivamente sempre più ricca e ampia" (408; cf. T 394). E tutte le opzioni hanno lo stesso valore e si 'fragilizzano' a vicenda. È la democrazia dei valori e l'omologazione di tutti i sensi possibili. Si evidenzia così che "le prospettive irreligiose erano più profondamente ancorate nel mondo vitale e nel senso tacito della realtà degli uomini dell'Ottocento di quanto non lo fossero le analoghe concezioni dei loro predecessori settecenteschi" (T 409).

Due fattori hanno contribuito principalmente a minare il senso cristiano dell'esistenza vincolata ad una concezione biblica della vita: la ricerca astronomica e microscopica, così come la scoperta dell'evoluzione delle specie. La nozione spazio-temporale soffre una drammatica modifica: tutto evolve, tutto si trasforma, senza bisogno dell'intervento divino.

A questo punto, esclusa la religione e il suo mistero, l'attenzione interiore si rivolge verso la natura selvaggia che "comunica o impartisce qualcosa che risveglia in noi un potere che ci permette di vivere meglio ovunque ci troviamo" (T 430). Mette in contatto "con qualcosa di più grande, che si può facilmente perdere di vista. Per produrre tale effetto era indispensabile la natura 'desolata' e 'solitaria', spaventosa e arcigna delle aree selvagge" (T 431). Lo sguardo si rivolge adesso al mistero dell'interiorità umana.[6] Un profondo selvaggio senza fon-

---

[6] "Qui l'idea è che la nostra esistenza, vitalità o creatività dipendano non solo dall'inumano che è fuori di noi -per esempio dal potere soverchiante della natura incolta che risveglia in noi l'eroismo- ma da ciò che di selvaggio e inumano vi è in noi e che riecheggia quel potere esterno e alieno. Siamo andati ormai ben oltre Kant, dove il sublime risvegliava la nostra natura di agenti morali soprasensibili e dove il 'cielo stellato sopra di noi' poteva essere collegato alla 'legge morale in noi', due realtà che ci riempiono parimenti di 'ammirazione e venerazione'. Ora ci troviamo piuttosto in un universo schopenhaueriano, dove la nostra energia vitale scaturisce da una Volontà selvaggia, senza scrupoli, amorale. Questa credenza nella nostra dipendenza dalle forze dell'irrazionalità, dell'oscurità, dell'aggressività, del sacrificio, è ormai molto diffusa nella nostra cultura" (T 437).

do, imperscrutabile, nel quale si pre-sente un'origine e un fine comune a tutta l'umanità. Non è una teoria sulla realtà, piuttosto un modo di sentirla che agisce come filtro della percezione personale: "l'idea di derivazione evoluzionistica secondo cui l'ontogenesi ricapitola la filogenesi, sommata alla forza dell'eredità romantica, ha contribuito a dare origine alla nostra visione di un soggetto profondo, opaco a se stesso, sede di processi sconosciuti e parzialmente impersonali, che deve cercare di ritrovarsi nel tempo immensurabile di una genesi oscura dal preumano, esterna e interna" (T 441).[7] Il fascino dell'inconscio come fonte di auto-rivelazione del sé.

Questo modo di 'sentire se stessi' è diventato l'atmosfera ovvia del secolo XIX. Si è aperto così un ventaglio di possibili interpretazioni che ricorda il vecchio adagio latino: tante teste, tanti sensi. Una situazione "in cui le persone possono vagare tra tutte queste opzioni e attorno a esse senza dover prendere partito chiaramente e definitivamente per una di esse" (T 444).[8]

In conclusione, si arriva alla fine dell'ottocento con la diffusione di una concezione materialista della vita, che propone un ordine etico impersonale e anonimo per il cosmo, la società e gli individui. Un possibile intervento di Dio nella storia si considera arbitrario poiché sono sufficienti le leggi causali e impersonali per rendere conto ragionevolmente di tutto ciò che esiste: "il successo della scienza ha fatto leva

---

[7] Per Taylor "questo complesso di teorie, concezioni irriflesse e immaginazione morale costituisce la *Weltanschauung* dominante nell'odierna civiltà occidentale. Il nostro mondo ne è saturo. La possiamo incontrare ovunque. È evidente, per esempio, nella psicologia postfreudiana. Molti magari rifiutano le teorie di Freud, ma il contesto culturale circostante da cui tali teorie traggono senso è qualcosa di profondamente radicato. L'idea di una natura profonda, di cui abbiamo perso le tracce e che può esser difficile da recuperare; l'idea che essa debba essere recuperata, compresa, soprattutto rinarrando la nostra storia; l'idea che questa natura profonda possa essere in parte selvaggia e amorale -si tratta di quadri di riferimento ovvi, intuitivamente comprensibili per quasi chiunque, quale che sia la nostra opinione sulle specifiche teorie, o persino se siamo contrari per motivi filosofici all'intero quadro di riferimento teorico" (T 439).

[8] E continua: "Nella guerra tra credenza e incredulità questa può apparire come una sorta di terra di nessuno; se non fosse che è diventata talmente ampia da assumere piuttosto l'aspetto di una zona neutrale, dove ci si può rifiutare sfuggendo del tutto alla guerra. In effetti, questo spiega in parte perché nella civiltà moderna tale guerra resti costantemente a corto di fiato, malgrado gli sforzi delle minoranze più zelanti" (T 444).

sull'idea che la religione cristiana con cui la gente aveva familiarità appartenesse a una forma di sapere sorpassato, più primitivo o meno maturo; l'insistenza su questa idea, poi, ha finito per consolidarla" (T 459). Questa visione materiale si presenta come un segno di sviluppo verso una vera maturità umana che superi l'ostacolo dell'infantilismo della credenza religiosa (cf T 460-461). Il secolo XX perfeziona questo atteggiamento che diventa patrimonio dell'immaginario sociale di milioni di persone.

3.5. Il secolo XX

La visione escatologica dell'esistenza è svanita progressivamente durante l'Ottocento perché adesso "siamo noi a determinare l'ordine delle cose umane e possiamo perciò scoprire in noi stessi il desiderio e la capacità di edificare l'ordine della libertà e del beneficio reciproco, a dispetto di un universo indifferente e persino ostile" (T 464). Tuttavia: "Una volta che abbiamo percepito la vastità spaziale e temporale dell'universo, la profondità infinitesimale della sua microcostituzione, e abbiamo avvertito sia la nostra insignificanza sia la nostra fragilità, possiamo anche capire quanto sia notevole che da questa immensa macchina senza scopo sia emersa prima la vita, e poi il sentimento, l'immaginazione e il pensiero" (T 464). Riappare, in un certo senso, il 'mistero', ma come domanda razionale, non come apertura a una Presenza velata. Non c`è nessun collegamento con la vita quotidiana o con un processo di trasformazione individuale che indirizzi verso un miglioramento personale.

L'opzione credente e quella non credente non riescono ad imporsi l'una sull'altra, e nessuna appare come quella ovvia: è in atto la "ricomposizione della vita spirituale in nuove forme, e di nuovi modelli di esistenza sia all'interno sia all'esterno della relazione con Dio" (T 551). Adesso non sono più le élite culturali a non credere, ma le masse.

Durante l'Ottocento e il Novecento si è prodotta una reazione contraria a questa tendenza culturale, promossa da governi, gerarchie ecclesiastiche, o altre élite decise "non solo a adottare nuove strutture, ma anche in una certa misura a modificare i propri immaginari sociali, la propria concezione della legittimità e persino la propria percezione di ciò che riveste importanza cruciale nella loro vita o nella loro società" (T 561). Taylor chiama questo periodo l'epoca della mobilitazione. Tuttavia il secondo dopoguerra ha spazzato via questi tentativi, con un doppio effetto: "o ha fatto sì che le persone venissero gradualmente reclutate nella cultura fratturata; oppure, dove la nuova cultura consumistica è riuscita a soppiantare completamente la prospettiva precedente, le ha scagliate brutalmente in questo mondo fratturato" (T 618).

Ciò significa che la visione del mondo si è frammentata e, come conseguenza, la ricerca di senso è diventata un'avventura personale legittimata dal vissuto personale/individuale: le persone "stanno cercando una sorta di unità e di integrità del sé, una rivendicazione dell'importanza del sentimento contro la supremazia unilaterale della ragione, e una riaffermazione del corpo e dei suoi piaceri rispetto alla collocazione subalterna e spesso tormentata dei sensi di colpa di cui era stato confinato nell'identità disciplinata e strumentale. L'accento cada ora sull'unità, sull'integrità, sull'olismo, sull'individualità; il loro linguaggio spesso evoca 'l'armonia, l'equilibrio, il flusso, l'integrazione, la concordia, la concentrazione'" (T 638).

In sottofondo opera la 'cultura dell'autenticità', ultimo sviluppo della secolarizzazione avanzata: "Devo scoprire la mia strada verso l'integrità e la profondità spirituale. L'attenzione è focalizzata ora sull'individuo e sulla sua esperienza. La spiritualità deve parlare a tale esperienza. La ricerca, [...] è quindi il modello fondamentale della vita spirituale. Una ricerca che non può prendere le mosse da esclusioni a priori o da punti di partenza ineludibili, che porterebbero a pre-giudicare questa esperienza" (T 638-639). La ricerca è 'spirituale', non 'religiosa', poiché questa impone a quella scelte previe rispetto all'esperienza della ricerca stessa.

In questo panorama, con il declino dell'influsso del cristianesimo nella società "sempre più raramente le persone saranno inglobate o trattenute in una fede da una forte identità politica o di gruppo, o dalla sensazione di essere il pilastro di un'etica socialmente essenziale" (T 647). Perciò i singoli 'personalizzano' la propria spiritualità attraverso "la meditazione o le opere di carità, oppure [mediante] un gruppo di studi, o un pellegrinaggio, o talune particolari forme di preghiera, o tante altre pratiche simili" (T 648).

In sintesi, è scomparsa dall'immaginario delle società occidentali la ricerca spirituale cristiana come prima opzione di una reale trasformazione personale nel rapporto con il Dio offerto dalla rivelazione cristiana.

4. In questo contesto: cosa è la spiritualità?

Bisogna ripartire da tre presupposti: (1) l'uomo è un essere vivo, biologico e psichico, ma anche spirituale, ovvero deve dare alla sua esistenza bio-psichica un senso nel tempo e nello spazio. La capacità riflessiva di cercare un senso come quella di sceglierne uno tra tanti, emerge spontaneamente dal suo essere bio-psichico. La ricerca di senso qualifica l'essere bio-psichico dell'essere umano come spirituale; (2) cercare e scegliere un senso è il frutto dell'interazione del singolo con il suo ambiente costituito da cose, persone e situazioni, che hanno un'esistenza previa e indipendente da colui che deve scegliere il 'suo' senso, perciò ogni individuo si inserisce in una tradizione e in una storia che lo precede, la cultura di appartenenza che si è scelto; (3) la situazione attuale è frutto del processo avanzato di secolarizzazione, che permette di parlare di spiritualità senza la necessità di nominare Dio, e non principalmente della multiculturalità o della pluralità delle religioni. Il fenomeno della globalizzazione può sembrare la causa della situazione odierna. Ma non è così. Basti pensare al '400 europeo, dove in assenza di secolarizzazione, diverse religioni convivevano in un ambiente religiosamente e spiritualmente stabile. La matrice della situazione di crisi socio-religiosa attuale è l'evoluzione secolarizzata del cristianesimo.

In sintesi, la ricerca di senso è una capacità propria degli esseri umani data dalla loro costituzione bio-psichica ed essa si compie nell'interazione con l'ambiente che la precede. Nel contesto attuale non c'è una tradizione culturale-religiosa egemonica, ma molte che interagiscono, proponendo ognuna il suo senso dell'esistenza. Con più offerte, maggiore difficoltà nel fare una scelta.

4.1. Le due facce della ricerca di senso

Se ci avviciniamo adesso alla dinamica della ricerca di senso, troviamo che ha due facce: una attiva e l'altra passiva. Attiva poiché la persona deve cercare e scegliere, e passiva perché il senso si riceve; anche se si cerca, il ricercatore non lo fabbrica: in quanto ricevuto è scelto. Un ricercatore che fabbrica quello che cerca, non è più un ricercatore, è un fabbricante. Se il desiderio di senso fosse percepito e immediatamente soddisfatto dalla stessa persona che lo desidera, non si potrebbe parlare di ricerca. Dal desiderio di bere, a quello di soddisfare la voglia 'di non so che', si tratta sempre di un desiderio che esige una soddisfazione proveniente dall'esterno.

4.2. Ricerca di senso e cultura

Nella tradizione culturale dell'Europa occidentale, fino a quando il cristianesimo permeava il tessuto della società civile, come datore finale di senso all'esistenza, proponeva tramite le sue istituzioni Gesù Cristo come referente ultimo della ricerca per il singolo e per l' intera società, in una prospettiva escatologica. Gesù è un punto di riferimento 'oggettivo' perché è interpretato come la manifestazione storica oggettivante di Dio nascosto, creatore dell'universo e salvatore degli uomini nella storia. Scoprire e approfondire il rapporto con Gesù, in una relazione immediata e personale, costituisce il nocciolo del senso cristiano dell'esistenza.

Ebbene, a prescindere dalle precise coordinate spazio-temporali, la ricerca di senso è la stessa per gli uomini e le donne di tutti i tempi e di tutte le culture: sarà sempre una ricerca per ricevere il senso che si sceglie offerto dal contesto culturale di riferimento. 'Ricevere il senso scelto' significa che questo è ricevuto come donazione gratuita e disinteressata di 'qualcosa' che non è posseduto, ma che possiede. E, precisamente, poiché è ricevuto così, lo si può pubblicizzare disinteressatamente e gratuitamente.

Nella ricerca e nell'accoglienza di senso si riflette anche la ricerca spirituale cristiana. In effetti, la scelta di Gesù come senso ultimo dell'esistenza personale risponde al vissuto del mistero della sua Presenza come vissuto di un amore personale che chiede di essere corrisposto nell'amore. Lo scambio di amore reciproco trasforma colui che Lo accoglie in Colui che è accolto.

L'autodonazione amorosa di Dio in Gesù come senso si accoglie nella trascendenza del sé umano, che risponde altrettanto auto-donandosi disinteressatamente e gratuitamente come risposta alla consapevolezza di essere stato amato prima con un amore assoluto ed eterno. Perciò, cercare e scegliere il 'senso', cristianamente, implica apertura e donazione di sé nell'orizzonte dell'amore, e non, in senso inverso, in quello della strumentalizzazione di cose, persone e situazioni. Ogni persona ha la capacità antropologica di auto-trascendersi nell'amore nella ricerca e accoglienza del senso della vita offerto dalla rivelazione cristiana, con l'aiuto dello Spirito Santo. Con questa interpretazione anche la situazione attuale diventa un'opportunità per la spiritualità cristiana, senza distinzioni spazio-temporali.

5. Sintesi finale: cosa possiamo intendere per spiritualità oggi?

Nell'immaginario sociale attuale dell'Europa occidentale prevale un progetto di realizzazione personale non trascendente nel senso dell'amore auto-trascendente, come è stato delineato. Se si ammette e concede che è l'amore gratuito e disinteressato verso l'altro l'esperienza del valore umano di più alta realizzazione, in un contesto culturale di molteplici opzioni di senso, la proposta della spiritualità secolarizzata rappresenta una spiritualità che non aspira a tale amore gratuito e disinteressato. Non si escludono le eccezioni, ma la tendenza indirizza piuttosto verso il narcisismo. Tuttavia, il paradosso è che la spiritualità secolarizzata promuove un'auto-trascendenza centrata in un'autorealizzazione personale intra-storica, all'interno dei limiti della ragione, che si propone come alternativa alla stessa portata delle religioni tradizionali in generale, e perciò si orienta in linea di collisione con l'esperienza millenaria del vissuto umano e cristiano, in particolare.

In questo contesto e da una prospettiva antropologica che non presupponga ipotesi religiose previe, ma che permetta di stabilire un ponte tra la concezione secolarizzata odierna di spiritualità e il tradizionale vissuto cristiano, si può definire come 'spiritualità' la "ricerca per ricevere senso". Ricerca e ricezione che implicano una progressiva trasformazione della persona nell'amore, perché sia umanamente sia cristianamente l'amore significa l'auto-trascendenza nella donazione gratuita e disinteressata di sé. Una trasformazione che dipende dal senso cercato, conosciuto e scelto nella tradizione a cui si è deciso di appartenere. Se quel senso scelto è il Dio cristiano rivelato da Gesù, allora le vie della trasformazione saranno cristiane, e così in tutte le tradizioni. Cristianamente la spiritualità è il vissuto trasformatore della scelta di un rapporto personale con il Dio della rivelazione biblica.

Giacché il futuro è aperto e ancora non è chiara la rotta che prenderà la situazione odierna, non è possibile dare risposte. Certamente è impossibile il ritorno a una situazione di omogeneità religiosa dove il cristianesimo sia l'unica opzione possibile, come un certo fondamentalismo vorrebbe. Dinanzi a questa incertezza, il *Centro di Spiritualità Igna-*

ziano dell'Università ha voluto organizzare questo ciclo di conferenze per dare fondamento teorico alla pratica della spiritualità cristiana. La proposta è precisamente volta a mostrare alcuni degli aspetti più importanti dell'accennato rapporto con Dio, dal punto di vista cristiano.

Così, don Fabrizio Pieri ci parlerà di come Gesù inizia i suoi discepoli all'esperienza intima con lui, per comprendere meglio come ci possiamo iniziare noi. In seguito, e nello stesso senso, dato che siamo nell'ambito di un programma di spiritualità ignaziana, il P. Rogelio García Mateo ci mostrerà come Sant'Ignazio inizia all'esperienza spirituale cristiana. Poi il P. Emilio González Magaña parlerà del ruolo di colui che accompagna il ricercatore di senso, aiutandolo a trovare il modo e l'ordine giusto nella sua ricerca. La quarta conferenza del P. Pavulraj Michel tratta un argomento molto importante: la vita cristiana nelle sue diverse tappe di crescita e di sviluppo. La settimana successiva il P. Toni Witwer parlerà dell'importanza di diverse istituzioni ecclesiali per il rapporto con Dio, come la liturgia, i sacramenti, i sacramentali, ecc., per dimostrare come sia impossibile maturare un senso della vita senza una struttura di sostegno. Infine, nell'ultimo incontro, il P. Rophy Pinto indicherà come iniziare in modo pratico a una vita di preghiera e all'esercizio del discernimento.

In questo modo il *Centro di Spiritualità* vuole contribuire a diffondere l'identità cristiana della spiritualità, assicurando come l'unico modo di praticare umanamente il cristianesimo oggi in senso forte sia quello di essere personalmente uniti a Gesù Cristo.

"Rimasero con lui" (Gv 1,39): Gesù inizia i discepoli alla vita spirituale nell'esperienza intima con Lui

di FABRIZIO PIERI

Vogliamo entrare nella riflessione e nell'analisi di questa interessante e provocatoria tematica biblica permettendo ad alcune pericopi neotestamentarie di provocare il nostro ascolto credente.

Credo che non sia possibile partire nel nostro riflettere su come il Signore Gesù abbia iniziato i suoi discepoli alla vita spirituale, coinvolgendoli profondamente nella sua intimità rivolta verso il Tu relazionale del Padre, se non ricordando ciò che l'Apostolo Paolo afferma nella lettera ai Romani: "*la fede dipende dall'ascolto e l'ascolto dipende dalla parola*" (Rm 10,17).

È necessario, quindi, rivestirsi di questo *essere ascolto silenzioso* della Parola, che è Gesù, e mettersi così, come i discepoli in relazione accogliente e ricettiva del Suo essere Parola, che invita a seguirLo e a partecipare e configurarsi alla Sua Persona in un itinerario di autentica e trasfigurante *cristificazione* (cf Gal 2,20)[1].

Il nostro cammino si articolerà e si strutturerà in tre momenti. Accoglieremo in un primo tempo l'esperienza della chiamata di Gesù dei Dodici attraverso l'itinerario, che Gesù fa compiere ai suoi discepoli secondo il racconto e lo spessore teologico dell'evangelista Marco, passeremo, poi, ad esaminare l'esperienza giovannea, riassunta dall'icona *cuore-orecchio*, vissuta da Giovanni con Gesù (cf Gv 13,25) per giungere, infine, all'esperienza che Gesù vive e sperimenta con Paolo di Tarso formandoLo alla necessità di configurarsi a Lui per essere suo *profumo di salvezza per il mondo* (cf 2Cor 2,15).

---

[1] Con il termine *cristificazione* vogliamo intendere e delineare chiaramente, alla scuola dell'esperienza spirituale e missionaria dell'apostolo Paolo, tutti gli elementi e gli aspetti che concernono l'itinerario spirituale di ogni credente cristiano, che vive il suo lento e graduale portare a compimento la configurazione e la conformazione al Signore Gesù, iniziate nella immersione battesimale (cf Rm 6) per vivere fino alla pienezza (*plêrôma*) della piena maturità di Cristo (cf Ef 4,13) il "non sono più io che vivo ma Cristo vive in me" di Gal 2,20, che lo porta ad essere nel mondo, secondo la sua originale ed irripetibile vocazione, *sale della terra e luce del mondo*.

Introduzione

Prima di iniziare la riflessione sul nostro tema credo sia importante e doveroso ricordare come prendere in mano dei Testi biblici ed evangelici significhi iniziare il nostro cammino di lettura esegetico – spirituale – sapienziale, che ci porterà a contemplare queste pagine perché possano diventare, nella logica del metodo della *lettura spirituale della Scrittura*, consolazione, discernimento e azione per la nostra vita[2].

Se prendiamo insieme i quattro Vangeli possiamo definire attraverso di essi un itinerario esperienziale di fede e di sequela caratterizzato da 3 cicli di *iniziazione cristiana*[3].

Possiamo considerare il *primo ciclo*, il ciclo catecumenale, quello caratterizzato dal Vangelo di Marco.

Il *secondo ciclo* con l'istruzione sui doveri della Chiesa, caratterizzato dal Vangelo di Matteo, e con l'istruzione del fatto cristiano nella storia del mondo (cioè l'introduzione del cristianesimo nella società e nella cultura del tempo e dell'ambiente) per cui sono punto di riferimento il Vangelo di Luca e gli Atti degli Apostoli.

Il *terzo ciclo* è la fase della *formazione mistica del cristiano interiore* con il relativo cammino educativo e formativo alla familiarità sperimentale con il mistero di Dio.

Nel Nuovo Testamento questa funzione è svolta da Paolo e soprattutto da Giovanni, e da un certo punto di vista dalla lettera agli Ebrei.

Quindi possiamo riassumere in questo modo:

Marco è il *Vangelo del catecumeno*;

Matteo, il *Vangelo del catechista*;

Luca, il *Vangelo del teologo*;

Giovanni, il *Vangelo del presbitero*, del Cristiano maturo nella fede.

---

[2] È importante fare riferimento al metodo della lettura spirituale e sapienziale della Sacra Scrittura, così come è depositato e vissuto dalla Lectio divina secondo il monito autorevole di Papa Benedetto XVI nella *Verbum Domini* (soprattutto numeri 86-87). Oltre al cammino della Lectio divina credo sia importante ricordare il monito che Papa Benedetto XVI fa sempre nella *Verbum Domini* al numero 38, dove ricorda la necessità del *trascendimento della lettera* per giungere ad una autentica esegesi teologica del testo scritturistico (cf anche B. COSTACURTA, "Esegesi e lettura credente della Scrittura" in *Gregorianum* 73/4 (1992) 739-745).

[3] C.M. MARTINI, *Il Vangelo secondo Giovanni nell'esperienza degli Esercizi spirituali*, Roma 1980, p. 16.

1. Gesù chiama i Dodici perché siano con Lui: il passaggio dal discepolato nella chiamata al lago (Mc, 1,16-20; 2,13-14) alla chiamata sul monte (Mc 3,13-19)

Vogliamo analizzare i due tipi di chiamata che Marco colloca nel capitolo 1 e nel capitolo 2 e, poi, nel capitolo 3 nell'ottica teologica del suo Vangelo, che non vuole solo tramandare i fatti, ma presentarceli in una cornice accurata e teologicamente elaborata e strutturata, così da avere un senso ben determinato e profondo rispetto ad ogni parola e ad ogni scelta redazionale.

Alla luce degli ultimi studi esegetici si è soliti dividere i nostri testi nella "*vocazione presso il lago*" (Mc 1,16-20; 2,13-14) e nella "*vocazione presso il monte*" (Mc 3,13-19).

1.1. La vocazione presso il mare: (Mc 1,16-20 e 2,13-14)

Accogliamo il testo depositato nel Vangelo di Marco:

[16]Passando lungo il mare di Galilea, vide Simone e Andrea, fratello di Simone, mentre gettavano le reti in mare; erano infatti pescatori. [17]Gesù disse loro: «Venite dietro a me, vi farò diventare pescatori di uomini». [18]E subito lasciarono le reti e lo seguirono. [19]Andando un poco oltre, vide Giacomo, figlio di Zebedeo, e Giovanni suo fratello, mentre anch'essi nella barca riparavano le reti. [20]E subito li chiamò. Ed essi lasciarono il loro padre Zebedeo nella barca con i garzoni e andarono dietro a lui.
[2,13]Uscì di nuovo lungo il mare; tutta la folla veniva a lui ed egli insegnava loro. [14]Passando, vide Levi, il figlio di Alfeo, seduto al banco delle imposte, e gli disse: «Seguimi». Ed egli si alzò e lo seguì.

Vogliamo entrare ad un livello di comprensione profonda dei testi marciani attraverso un momento di lettura teologico-spirituale della pericope.

Per lettura spirituale, parte integrante del nostro itinerario di esegesi teologico-spirituale, vogliamo intendere quell'analisi del vissuto esperienziale di fede, che il testo di Marco, o della Sacra Scrittura, consegna alla nostra riflessione per poter gustare l'itinerario spirituale, in questo caso, dei primi discepoli che Gesù chiama alla Sua sequela per iniziarli alla vita spirituale come intimità trasfigurativa con Lui.

Guigo il Certosino nella sua famosa opera *Scala Claustralium* afferma che: "mentre spezzi per me il pane ti riconosco, e quanto più ti conosco tanto più desidero conoscerti non *nell'involucro della lettera, ma nella profondità dell'esperienza*"[4].

Ecco, allora, il nostro intento è quello di volere non solo studiare ed analizzare *l'involucro della lettera*, ma giungere e rimanere *nella profondità dell'esperienza* di questa Parola profondamente esperienziale[5], che è Parola di Dio viva ed efficace più penetrante di ogni spada a doppio taglio (cf Eb 4,12-13).

Proviamo ad entrare *nella profondità dell'esperienza* delle *vocazioni presso il mare* attraverso questa serie di domande:

    1. Dove avvengono queste chiamate?
    2. In quale situazione Gesù chiama?
    3. Come chiama Gesù?
    4. A che cosa chiama Gesù?
    5. Con quale risultato chiama Gesù?

1. Dove avvengono queste chiamate?

Presso il Lago.

Marco insiste chiaramente e molto su questo particolare, che ripete ben tre volte: *Passando lungo il mare della Galilea, vide Simone e Andrea, fratello di Simone, mentre gettavano le reti in mare; erano infatti pescatori* (1,16).

La stessa connotazione di luogo è ripetuta per la chiamata di Giacomo e Giovanni: *Andando un poco oltre* (1,18).

La medesima situazione locale la troviamo nel secondo capitolo: *Uscì di nuovo lungo il mare* (2,13); *Nel passare, vide Levi, il figlio di Alfeo, seduto al banco delle imposte* (2,14).

Cosa vuol dire il lago per la presentazione di Marco?

Il lago è il luogo nel quale la gente di Galilea vive e lavora: Gesù cerca la gente nella propria situazione storica.

Marco ci presenta Gesù che va per le strade del mondo a cercare la gente lì dov'è (cf il "subito" del "qui ed ora").

---

[4] Il corsivo è nostro.

[5] Cf B. MAGGIONI, "L'esperienza spirituale nella Bibbia" in *Nuovo Dizionario di Spiritualità*, a cura di S. De Fiores e T. Goffi, Cinisello Balsamo 1998, pp. 542-601.

2. In quale situazione Gesù chiama?

L'evangelista precisa con insistenza: nel proprio posto di lavoro. Per ciascuno sempre questa circostanza: *Passando lungo il mare della Galilea, vide Simone e Andrea, fratello di Simone, mentre gettavano le reti in mare; erano infatti pescatori* (1,16).

Sono dunque presso il lago, al loro mestiere.

Lo stesso per Giacomo e Giovanni: *Andando un poco oltre, vide sulla barca anche Giacomo di Zebedèo e Giovanni suo fratello mentre riassettavano le reti* (1,19).

Quindi, non soltanto sono pescatori, ma stanno pescando, oppure si accingono a farlo, preparandosi alla pesca.

È interessante questo insistere sul fatto che siano lì, e stiano svolgendo il loro lavoro di ogni giorno.

La stessa precisazione è nel capitolo 2: *Nel passare, vide Levi, il figlio di Alfeo, seduto al banco delle imposte* (2,14); quindi non solo si parla del suo mestiere, è gabelliere, ma è seduto lì al banco delle imposte, al suo lavoro di ogni giorno.

Che cosa vuole dire Marco?

Che Gesù chiama la gente a seguirlo là dove si trova, nella propria situazione concreta.

Va a porgere a ciascuno il suo invito là dove egli è, in una situazione comune, onesta, onorata, come quella dei pescatori Pietro, Andrea, Giacomo e Giovanni, oppure in una situazione disonorata e moralmente difficile come quella del gabelliere.

Gesù va dall'uno e va dall'altro e li chiama...!!!

In questa situazione, il catecumeno riconosce la sua chiamata, che a lui – come a ciascuno di noi – è stata rivolta là dove egli è: in una situazione geografica, ambientale, familiare, sociale, caratteriale diversa.

Dio ci ha incontrati e ci ha chiamati lì dove eravamo, invitandoci alla fede e alla sequela di Cristo Gesù.

La chiamata di Gesù, quindi, viene offerta a ciascun uomo, là dove egli si trova, nella propria situazione, nel proprio "qui ed ora".

3. Come chiama Gesù?

Viene sottolineato l'aspetto personale: attraverso un colloquio familiare.

Vede Simone ed Andrea, si avvicina loro, parla e li chiama.

Vede Giacomo e Giovanni, si avvicina, parla e li chiama.

Vede Levi di Alfeo e anche a lui, singolarmente, si presenta, parla e lo chiama.

Gesù si avvicina ad ogni uomo e, là dove questo è, gli fa ascoltare quella parola di speranza e fiducia, che è chiamata a seguirlo.

4. A che cosa chiama Gesù?

Questo non viene spiegato chiaramente ed espressamente, se non in maniera generica, ma al tempo stesso globale: *a seguirlo*: "Venire dietro a me" (*déute opìso mou*) (1,17); "Seguimi (*akolùthei mòi*) (2,14).

Cioè chiama ad andare dietro a Lui, a percorrere la Sua Via, e quindi, chiede soprattutto un'immensa fiducia in Lui.

C'è in verità una frase misteriosa: *vi farò diventare pescatori di uomini* (1,17), ma rimane avvolta nel mistero del futuro.

Ora bisogna fidarsi totalmente di Lui.

Così l'istruzione catecumenale della Chiesa primitiva leggeva l'abbandono fiduciale a Gesù necessario per percorrere la via verso la conoscenza del mistero.

Il catecumeno ha visto qualcosa di Gesù, della sua Chiesa, ha sentito un'attrazione e deve decidersi ad impegnarsi, altrimenti non potrà arrivare a percorrere il cammino.

Fiducia totale, donazione completa alla persona di Gesù e non ad una causa.

Perché Gesù non dice "vieni a fare una cosa o un'altra", ma solamente "abbi fiducia nella mia persona...!!!".

5. Con quale risultato Gesù chiama?

Marco sottolinea la subitaneità, l'urgenza della risposta.

Tutti acconsentono subito:

in 1,18 *E subito, lasciate le reti, lo seguirono*;

in 1,20 *Li chiamò. Ed essi, lasciato il loro padre Zebedèo sulla barca con i garzoni, lo seguirono*;

in 2,14 *Nel passare, vide Levi, il figlio di Alfeo, seduto al banco delle imposte, e gli disse: "Seguimi"*.

Questa prima serie di chiamate invita ognuno di noi a prendere coscienza di quanto la nostra vita sia stata trasformata dalla chiamata di Gesù.

Essa è per il catecumeno e per noi la vocazione battesimale: chiamata fondamentale nella quale si radica ogni altro tipo di chiamata, e che ci ha messo su una via, che è la via cristiana.

Itinerario globale, abbracciante tutta quanta la nostra esistenza e sempre legato alla persona di Gesù che noi seguiamo. Invita ognuno di noi a prendere coscienza, con riconoscenza, di quanto la nostra vita dipenda dal nome personale (cf *La Vocazione personale*[6]) che Gesù, nella sua infinita bontà recando verso di noi la misericordia di Dio e facendola divenire Corpo e Parola, ha voluto pronunciare su ciascuno di noi.

1.2. *La* vocazione presso il monte *(Mc 3,13-19)*

Accogliamo il Testo marciano:

> [13]*Salì poi sul monte, chiamò a sé quelli che voleva ed essi andarono da lui.* [14]*Ne costituì Dodici – che chiamò apostoli –, perché stessero con lui e per mandarli a predicare* [15]*con il potere di scacciare i demòni.* [16]*Costituì dunque i Dodici: Simone, al quale impose il nome di Pietro,* [17]*poi Giacomo, figlio di Zebedeo, e Giovanni fratello di Giacomo, ai quali diede il nome di Boanerghes, cioè «figli del tuono»;* [18]*e Andrea, Filippo, Bartolomeo, Matteo, Tommaso, Giacomo, figlio di Alfeo, Taddeo, Simone il Cananeo* [19]*e Giuda Iscariota, il quale poi lo tradì.*

---

[6] "Un tema fondamentale che troviamo scorrendo la Bibbia è quello di essere "chiamato per nome". Non è ora il momento più propizio per enumerare i tanti e ricchissimi testi biblici che comprovano questo tema. La conclusione sarebbe semplicemente la seguente: io non sono uno dei tanti nella folla per Dio; non sono per Lui un numero della serie e neppure sono catalogato in un biglietto; sono irripetibilmente unico, perché Dio "mi chiama per nome". Questa realtà potrebbe essere certamente chiamata la mia "identità personale", oppure il mio "orientamento personale nella vita" oppure ancora il mio profondo e vero "io". Secondo la Bibbia, però, preferisco chiamarla la mia "vocazione personale": È cosa triste il fatto che abbiamo spesso limitato il termine "vocazione" alla chiamata al sacerdozio o alla vita religiosa, e forse a malincuore parliamo sempre più della "vocazione" al matrimonio o "vocazione" al laicato. Di fatto, nella Bibbia, la Parola di Dio designa ogni chiamata ad uno specifico orientamento o missione nella vita, come "vocazione".
[...] *Stiamo tutti sospirando di avere unità e integrazione, in particolare noi, apostoli attivi. Francamente il grido più profondo del cuore che io sento degli apostoli attivi, nel mio ministero di direzione spirituale, è il grido, il desiderio di unità e di integrazione: "Ho tante cose da fare durante il giorno – questo, quest'altro e ancora altre cose – che alla fine della giornata sono sfinito, distrutto, dissipato. Come vorrei fare una cosa sola in profondità!". Non è vero che più si avanza in perfezione e maturità, più semplici si diventa – una semplicità non di impoverimento, ma di una ricchezza concentrata in profondità! –*: Herbert ALPHONSO, S.J., *La vocazione personale. Trasformazione in profondità per mezzo degli esercizi spirituali*, Roma 1994, 19-24.

L'esperienza cui Gesù chiama i Dodici appare intensamente caratterizzata da questo desiderio del Maestro, Messia Crocifisso, di far
sperimentare agli Apostoli l'intensità feconda dell'essere in Lui e rimanere in Lui.

Il quadro esperienziale che si delinea appare quello del desiderio
da parte di Gesù di portare i Dodici a sperimentare il bisogno di quella
intimità relazionale con Lui, che li crea come strumento eletto di evangelizzazione e di missione.

L'esperienza di unione mistica con il Signore Gesù diviene quindi
il principio e fondamento di quella tensione apostolica per cui divenire vangelo nel vangelo, che è il Gesù che vive nell'esperienza degli
apostoli e che può essere portato attraverso un vissuto esperienziale di
senso, fa i Dodici profumo di salvezza per il mondo.

Ogni evangelizzazione e missione non potrà che essere frutto di
questo perenne ed intenso rimanere in Lui ed essere trovato in Lui (cf
Gv 1,37-39; Fil 3,9).

Il testo di Marco apre poi la dinamica apostolica dei Dodici alla
possibilità e alla capacità di cacciare i demoni e curare i malati.

Questa dimensione da un punto di vista spirituale credo che apra
alla riflessione di quello che per Gesù, e l'esperienza in lui, significhi
vivere ed essere discernimento spirituale come capacità di *esaminare
tutto tenere ciò* che è *buono e rigettare ciò che è male* (1Ts 5,21-22).

Il demonio certamente oltre a dare dei segni classici ed evidenti di
possessione nelle situazioni concrete si *maschera anche come angelo di
luce* (cf 2Cor 11,14) in chi è in cammino di santità e di cristificazione
dietro il Messia Crocifisso ed è quindi necessario divenire sempre più
esperti e pratici nel discernimento degli spiriti cattivi e buoni per donare ed essere per gli altri servitori della *carità della verità*[7].

---

[7] Rimando per un approfondimento sia al mio libro *Paolo ed Ignazio Testimoni
e Maestri del Discernimento spirituale*, Roma 2002, sia all'ultimo mio libro *L'itinerario di cristificazione di Paolo di Tarso. Caratteristiche di un'esperienza di Dio*, Roma
2010 (seconda ristampa 2016).

2. L'esperienza della formazione nel *cuore orecchio* di Gesù con Giovanni: la relazione personale del discepolo amato[8]

La formazione che Gesù dona ai suoi discepoli si fa esperienza spirituale e diviene il nucleo fondamentale nel quale sono chiamati a crescere nel proprio rapporto personale ed originale con il Signore.

In questo modo l'esperienza spirituale neotestamentaria, e specificamente giovannea e paolina, può donarci un notevole contributo per proseguire questo nostro studio contemplativo sull'iniziazione di Gesù dei discepoli alla vita spirituale nell'esperienza intima con Lui.

Sappiamo bene che Giovanni vive il suo rapporto di fede e di sequela del Signore come un'esperienza forte di intimità e di amore d'amicizia nei confronti della Persona amica di Gesù.

La fede per Giovanni non è far propria una dottrina oppure speculare su una serie di idee. Non è un puro e semplice processo conoscitivo intellettuale[9].

Il conoscere giovanneo dell'esperienza di fede coincide ed è il "conoscere" biblico ebraico. Lo *"jada'"*[10]. E questo conoscere si caratterizza di una forte esperienza e di un forte sentire sponsale ed amicale.

È la conoscenza dell'intimità dell'Altro, del pervenire nello spessore più profondo dell'essere dell'altro. È un'esperienza di unione, di affettività unitiva, che trasfigura i due in una nuova entità e realtà.

Paolo sintetizza questa conoscenza del Cristo, che lo ha conquistato (cf Fil 3,12) nel celebre versetto del capitolo 2 della lettera ai Galati: *Sono stato crocifisso con Cristo, non sono più io che vivo, ma Cristo vive in me. Questa vita che io vivo nella carne la vivo nella fede del Figlio di Dio, che mi ha amato e ha dato se stesso per me".*

---

[8] Riguardo alla *vexata quaestio* dell'identità di Giovanni ho consapevolezza e conoscenza della infinita diatriba degli studiosi e degli esegeti sull'identità dell'autore del Quarto Vangelo. Mi permetto qui di seguire quegli Autori, anche se in minoranza, che in sintonia con i Padri, considerano Giovanni "il discepolo che Gesù amava".

[9] È interessante approfondire questo tema con il contributo di B. MARCONCINI, "Fede" in *Nuovo Dizionario di Teologia Biblica*, 3ª ediz., Cinisello Balsamo 1989, 536-552 e J. ALFARO, "Fides in Terminologia Biblica" in *Gregorianum* 42 (1961) 463-505.

[10] Cf G. SEGALLA, "L' esperienza spirituale nella tradizione giovannea" in *La spiritualità del Nuovo Testamento* (a cura di R. Fabris) Città di Castello 1985, pp. 354-356; D. MOLLAT, *Giovanni maestro spirituale*, Roma 1989, pp. 104-107.

Questa fede diventa, così, un cammino di adesione personale alla Persona di Gesù, il Cristo, il Verbo Amico incarnato e presente in ogni mio "qui ed ora".

Credere diviene, così, l'esperienza neotestamentaria, portata a compimento e pienezza (cf Mt 5,17), dell'esperienza presente vissuta dai protagonisti dell'Antico Testamento.

Credere per l'Antico Testamento è sintetizzato dal verbo 'aman[11]. È l'abbandono fiduciale come l'albero, che si radica nel terreno e diffonde le sue radici nelle profondità del suolo e non è piegato da nessuna avversità, e viene nutrito e rinvigorito dall'humus del terreno profondo (cf Ger 17,7-8; sal 1).

È l'esperienza vissuta da Abramo in Genesi 15, che per questa fede fiduciale "crede sperando contro ogni speranza e gli viene accreditato come giustizia" (Rm 4,18).

Anzi è oggetto della conoscenza affettuosa e colma d'amore di YHWH, il suo scudo (Gen 15,1), che lo porta a divenire protagonista e destinatario del patto di alleanza che Dio stipula e taglia con lui (kârat b^{e}rît).

Dio imbandisce il rito nomadico e passa in mezzo alle bestie uccise e divise invocando su di Sé la morte se non rimarrà fedele alla sua b^{e}rît (Gen 15,9-15)[12].

Abram va e uccide gli animali, li divide, li colloca una metà di fronte all'altra, è il rito dell'alleanza secondo le usanze della popolazione locale nomadica. Il capo nomade in questo rito passava attraverso gli animali uccisi e diceva: "Succeda a me quello che è successo a questi animali se non sono fedele a questa alleanza".

Dio vuole che Abram gli prepari questo rito perché sarà Lui a passare in mezzo agli animali uccisi, non sarà Abram, è YHWH il Dio provvidente e abisso di carità.

È il Vivente che sta per scommettere sulla propria morte se non sarà fedele.

È interessante che si parli di una tortora e di un piccione, che non vengono divisi. La tortora e il piccione non erano animali sacrificali,

---

[11] Cf H. Wildeberger, "'mn" in Dizionario Teologico dell'Antico Testamento, v. I, 155-183.

[12] Per approfondire la tematica del kârat b^{e}rît può essere utile leggere K. Westermann, Genesi, Casale Monferrato 1989, pp. 126-132 e R.J. Clifford, "Genesi" in Nuovo Grande Commentario Biblico, pp. 26-27.

erano fuori dal rito *tout court*, ma la tortora e il piccione sono simboli di fecondità, quindi, il Vivente che scommette e si butta in questa Alleanza vuole passare anche attraverso questo piccione e questa tortora non divisi per far capire ad Abram che lì si fa sul serio: è una paternità feconda, ben oltre il fatto che Sara sia sterile e lui sia oltremodo avanti in età! Brillano della giovinezza dell'eternità di Dio e quindi tutto è possibile a Dio!

Mentre il sole stava per tramontare un torpore cadde su Abram, quando tramontato il sole si era fatto buio, ecco un forno fumante e una fiaccola ardente passarono in mezzo agli animali divisi (v. 17).

Abram è chiamato da Dio a percepire e gustare, come dice Ignazio, *che non è il molto sapere che sazia l'anima ma sentire e gustare le cose internamente...* (*EESS,* 2). Dove si sentono e si gustano le cose internamente? Nella quiete contemplativa di un tramonto, di un tramonto non solo spazio-temporale, ma dell'eterno tramonto, il momento più bello: il Vespro. Abram sente e gusta le cose del suo Signore in lui internamente e questo è il suo sonno, il suo *tardemàh*.

E solo così, si può ascoltare in piena profondità quel versetto con cui si conclude questo capitolo. *In quel giorno Dio concluse questa Alleanza con Abram: alla tua discendenza io darò questo paese* (v. 18).

Qui ci vuole per forza la potenza dell'ebraico che ha una espressione tecnica importante, bellissima: Dio non conclude questa Alleanza ma *kârat*, "taglia" l'Alleanza con Abram.

Questa espressione tecnica, per l'alleanza civile e sociale, qui assume sempre di più nell'Antico Testamento un significato amicale, tanto è vero che la stessa espressione la troviamo in modo identico in 1 Samuele 18,3, quando Gionata stringe alleanza con Davide come suprema amicizia, e così in Gv 15,13 troviamo: "*Non c'è amore più grande di questo: dare la vita per l'amico*" e in Gv 15,15: "*Io vi ho chiamati amici!*".

Allora l'amicizia, quella vera, l'amicizia dell'Alleanza, è una caratteristica fondamentale di Dio. Dio è Amico, è Amicizia, è Amore in quanto Amore di amicizia. Il tagliare alleanza con Abramo significa dirgli quello che si dice in Giacomo 2,23: "*Abramo credette e gli fu accreditato come giustizia e fu chiamato Amico di Dio*".

L'esperienza di fede di Giovanni[13] si inserisce e porta a compimen-

---

[13] Cf A. Weiser - R. Bultmann, "pistéuo" in *Grande Lessico del Nuovo Testamento*, v. X, pp. 337-488.

to tutto questo. Giovanni, il discepolo amato[14], che pone il proprio orecchio sul cuore del Verbo Amico, è l'icona del credere amante del discepolo e, quindi, del come aderire perfettamente all'iniziazione alla vita spirituale che Gesù dona e propone ai Suoi, Gv 13,25[15]: *"Ora, uno dei discepoli, quello che Gesù amava si trovava a tavola a fianco di Gesù. Simon Pietro gli fece un cenno e gli disse: 'Di' chi è colui a cui si riferisce?'. Ed egli reclinatosi così sul petto di Gesù, gli disse: 'Signore, chi è?'".*

È un riposo d'amore reciproco. L'uno è per l'altro consolazione, pace, gioia, rinvigorimento fino a che l'amante è nell'Amato trasformato.

Il cuore di Giovanni diviene il cuore di Gesù. Il cuore di Gesù diventa il cuore di Giovanni.

È il cammino che dobbiamo incarnare e fare nostro perché l'esperienza di fede sia un'esperienza di unificazione, integrazione e maturazione della mia persona nella Persona di Gesù, il Verbo che vuole farsi carne della mia carne.

L'icona di Gv 13,25 diventa una nuova penetrazione ed immersione nel mistero di sequela e di fede con un nuovo riferimento al versetto 26 di Gv 19: *"Stavano presso la croce di Gesù sua madre, la sorella di sua madre, Maria di Cleofa e Maria di Magdala. Gesù, allora, vedendo la madre e lì accanto il discepolo che egli amava, disse alla madre: 'Donna, ecco il tuo figlio...'".*

Giovanni guarda l'Amato amico da Amante amico per essere nell'Amato trasformato. Si permettono di essere se stessi in quel noi fecondo e comunionale, che apre le porte a Gesù e a Giovanni per realizzare in pienezza la loro missione.

Giovanni permette al Gesù amico di aderire perfettamente al legno della croce, gli dà il coraggio. Guardandosi e contemplandosi saranno riandati con la memoria contemplativa a quelle "Quattro del pomeriggio" dove l'Agnello di Dio, che passava, chiamò con il suo silenzio d'amore: *"Che cerchi? Maestro, dove abiti? Vieni e vedi!"* (cf Gv 1,39).

---

[14] È molto utile leggere le pagine del Cardinal Carlo Maria Martini sull'amicizia tra Gesù e Giovanni, fondamento di questa relazione personale, nel contesto dell'amicizia nel quarto vangelo, nel libro di C.M. MARTINI, *Il caso serio della fede*, Casale Monferrato 2002, pp. 75-87.

[15] Questa di Gv 13,25 è la prima citazione delle cinque in cui l'evangelista Giovanni si definisce come "il discepolo che Gesù amava". Le altre, come vedremo sono in Gv 19,26; 20,2; 21,7.20. Per approfondire la riflessione è utile anche la lettura di L. PACOMIO, *Il vangelo secondo Giovanni. Unità del cuore unità della storia*, Milano 1994, pp. 81-87.

Ecco l'Agnello ha portato Giovanni qui sul Golgota a gustare ed imprimere ogni spasimo gioioso dello sgozzamento del suo Amico Agnello perché questo "imprinting" definitivo ed indelebile divenga, quasi inesorabilmente, l'ispirazione delle parole dell'Apocalisse, che diventeranno il suo nuovo essere, il suo nuovo programma di vita. Essere l'Amico dell'Agnello Pastore (Ap 7,17): essere il sacramento dell'Agnello Pastore per la Chiesa madre in Maria. E si sente veramente beato perché sono giunte le nozze dell'Agnello e la sua sposa è pronta (Ap 19,9). E lui è chiamato per l'eternità ad imbandire il banchetto dell'Agnello Amico. *"Questo è il mio corpo. Questo è il mio sangue"*.

Giovanni è ormai Gesù e Gesù è Giovanni.

La terza tappa del cammino di fede di Giovanni è in Gv 20,2: *"Maria di Magdala corse allora ed andò da Simon Pietro e dall'altro discepolo, quello che Gesù amava e disse loro: 'Hanno portato via il Signore e non so dove lo hanno posto!'"*.

Giovanni corre la mattina di Pasqua, insieme a Pietro, verso il sepolcro vuoto, fa entrare per primo Pietro, vede il lenzuolo ripiegato e crede: vede e crede perché rimane permanentemente nel cuore del suo Signore e Maestro...!!!

Cerca e trova Dio in tutte le cose. È un vero contemplativo nell'azione, consapevole che la "realtà è Cristo" (Col 2,17).

La quarta tappa è in Gv 21,7: *"Allora quel discepolo che Gesù amava disse a Pietro. È il Signore..."*.

"È il Signore": Giovanni lo riconosce. Non si può sbagliare. Il suo cuore freme, ripensa ancora a quella scena sul Calvario. Ha visto Gesù dissanguarsi a poco a poco. Ha visto l'infinità e la concretezza della Sua amicizia. Lui c'era, non aveva nulla da difendere, da salvare, lì c'era il suo tesoro. Non si può sbagliare ora Gesù è il suo Amico e Fratello. Hanno la stessa Madre...!!! Sono carne della stessa carne, e tutta questa sua carne freme: È il Signore...!!!

La quinta tappa è rappresentata dai versetti 21,20.22: *Pietro allora, voltatosi, vide che li seguiva quel discepolo che Gesù amava, quello che nella cena si era trovato al suo fianco e gli aveva domandato: 'Signore, chi è che ti tradisce?'. Pietro dunque, vedutolo, disse a Gesù: 'Signore, e lui'. Gesù gli rispose: 'Se voglio che egli rimanga finché, io venga, che importa a te? Tu seguimi'.*

L'amicizia che Gesù dona a Giovanni non ammette la gelosia o lo sguardo ambiguo, fatto di mormorazione, meschinità, sotterfugi degli altri.

Gesù invita Pietro a vivere in pienezza il suo rapporto unico ed irripetibile con Lui senza pregiudizi o sentenze sommarie sul Suo rapporto con Giovanni.

Gesù garantisce la fecondità di quel rapporto con Giovanni come con gli altri avocando, però, a Sé la voglia ed il desiderio di manifestare questo amore e questa sua amicizia come, nella Sua libertà, meglio crede di attuare perché è quella stessa libertà, che è salita sulla croce per Tutti.

Anzi Gesù sembra dire a Pietro: "Godi per questo mio rapporto, che c'è tra Giovanni e me perché, come ogni mio atto è fecondo, anche da questo scaturisce per te una carica salvifica ancora, paradossalmente, più potente, rinforzata dal dono reciproco di due libertà che si uniscono per il bene di Molti...!!!".

2.1. Gli elementi dell'esperienza relazionale giovannea: i verbi e gli elementi di questa esperienza spirituale (1Gv 1,1-4)[16]

Alla luce di Gv 13,25 il porre l'orecchio sul cuore di Gesù per Giovanni significa aver vissuto e portato a compimento il suo pellegrinaggio di fede e di amore, che lo ha condotto a vedere Gesù e a rimanere in Lui.

Questo rimanere è il termine ultimo dell'esperienza di fede di Giovanni.

È un atto di fede, che diventa un permanente sperimentare un rapporto personale di amore fiduciale[17].

Giovanni ama e si fida di Gesù. Gesù ama e si fida di Giovanni. Giovanni crede e rimane nell'amore di Gesù.

E questo amore lo porta a conoscere sempre più nell'essere profondo di Gesù, che è la Parola che fonda, motiva, matura, completa e perfeziona la sua Persona ed il senso profondo del suo essere.

---

[16] G. ZEVINI, "L'esperienza di Dio nel prologo della prima lettera di Giovanni (1Gv 1,1-4)" in *Parola Spirito e Vita* 30 (1994) 196-214.

[17] Cf il concetto di *fides qua* e *fides quae* proprio della Teologia secondo il quale per *fides qua* intendiamo la fede biblica di pura ed assoluta adesione alla persona di Dio, come il radicarsi di un albero al suolo per rimanere stabile e pronto a resistere ad ogni mutamento atmosferico, mentre con il termine ed il concetto di *fides quae* si fa riferimento ai contenuti rivelativi dottrinali formulati dal Credo.

Giovanni si specchia e si ascolta come il luogo del compimento della corsa gloriosa della Parola, che ha sete di lui (cf 2 Ts 3,1).

Ecco, allora, come nell'inizio della sua prima lettera (1Gv 1,1-4) ci regala la sintesi esistenziale di questo suo percorso e cammino di penetrazione e di ascolto amante del Verbo, che costituisce e caratterizza la sua adesione a Lui, perché : "la fede dipende dall'ascolto e l'ascolto dipende dalla parola" (Rm 10,17).

"Ciò che era fin da principio...ossia il Verbo della Vita"

La fede dipende dalla Parola. Questo per Giovanni significa sperimentare che il Gesù Parola, che Lui incontra, è, allo stesso tempo, il Logos Creatore e la Sapienza di Dio, ma anche il *rêma*, la parola efficace e dinamica, vitale ed effervescente.

Giovanni sperimenta che la Parola è per lui il Logos, che dà il senso profondo alla sua vita: è la roccia stabile su cui fondare la sua vita, ma è anche lo stimolo a non fermarsi mai, sentendo che è una parola dinamica, che non finisce mai di dissetare e di soddisfare la sua sete di conoscenza e di amore.

È un rapporto centripeto e centrifugo, come l'Amore della Trinità. I Tre si amano e più si amano più si aprano all'Amore.

In più, questa Parola, che nella sua dinamicità si fa carne della mia quotidianità, si fa Pane eucaristico. Il Logos diviene: *"Io sono il pane della vita; chi viene a me non avrà più fame e chi crede in me non avrà più sete"* (Gv 6,35).

C'è il rapporto con una Parola, che si fa pane del cammino, fino a giungere all'invito trasfigurante del Logos eucaristico: *"chi mangia di me, vivrà per me"* (Gv 6,57).

"Ciò che abbiamo udito"[18]

Per vivere questo Giovanni evidenzia il suo cammino caratterizzato da quattro atteggiamenti e disposizioni di tutto il suo essere.

Il primo è "ascoltare", che nella logica biblica significa semplicemente, ma sostanzialmente, farsi tutto orecchio...!!! (cf Bar 2,31).

Essere orecchio, capace di ascoltare, significa diventare un cuore capace di ascoltare e divenire la Parola generandola e incarnandoLa.

---

[18] Cf G. SEGALLA, "L'esperienza ...", pp. 350-352; G. KITTEL, "akoùo" in *Grande Lessico del Nuovo Testamento*, v. I, pp. 581-599.

Ascoltare è divenire la Parola, è generare la Parola, è permetterLe di vivere: "crescere in età, sapienza e grazia davanti a Dio e agli uomini" (Lc 2,52).

L'ascolto del Logos è condizione necessaria e sufficiente per essere nella Vita.

La domanda che viene spontanea è quella di provocare la propria esperienza spirituale sull'interrogativo esistenziale riguardo al tipo di ascolto che ognuno di noi possa essere.

Per rispondere adeguatamente a questo quesito è necessario confrontarci con la Parabola del seminatore.

Prendiamo il testo caratteristico, secondo la versione del vangelo di Luca nel suo capitolo 8 ai versetti 11-15.18a.

v. 12 I semi caduti lungo la strada sono coloro che l'hanno ascoltata, ma poi viene il diavolo e porta via la parola dai loro cuori, perché, non credano e così siano salvati.

La logica della strada sta a significare la "logica diabolica" del nostro essere e del nostro cuore, dove dopo l'ascolto superficiale e schizofrenico viene il diavolo e porta via la Parola dai nostri cuori.

L'etimologia greca del termine *diavolo* è quella che rimanda al verbo *bàllo*: gettare, che qui è unito alla preposizione *dià,* che indica il significato della dispersione e della confusione.

Il diavolo è il *destrutturatore* ed il *disperdente* la nostra persona, che non è capace di unificare il suo essere centrandosi sul *Tu relazione* della Parola...!!!

Il contrario è rappresentato, sempre nel vangelo di Luca, dal verbo *sýmballo*, che significa l'esatto contrario: è quel *centrarsi ed unificarsi* nel *Tu relazionale* della Parola, così come Luca descrive Maria in 2,19: *"Maria, da parte sua, conservava tutte queste cose meditandole nel suo cuore (symballoûsa en tê kardìa autês)".*

v. 13 Quelli sulla pietra sono coloro che, quando ascoltano, accolgono con gioia la parola, ma non hanno radice; credono per un certo tempo, ma nell'ora della tentazione vengono meno.

La logica del terreno con la pietra rimanda, nel testo di Luca, alla dinamica della tentazione (cf *kairòs toù peiràsmou*), come il momento in cui l'ascolto e l'accoglienza della Parola vengono meno.

È interessante ricordare allora come il *mistero della prova* possa essere il luogo sottile e subdolo, in cui il "non ascolto" è portato lentamente e progressivamente a compimento.

La parola del Siracide ci ricorda nel capitolo 2 invece che:

> [1] *Figlio, se ti presenti per servire il Signore, preparati alla tentazione.* [2] *Abbi un cuore retto e sii costante, non ti smarrire nel tempo della seduzione.* [3] *Sta' unito a lui senza separartene, perché, tu sia esaltato nei tuoi ultimi giorni.* [4] *Accetta quanto ti capita, sii paziente nelle vicende dolorose,* [5] *perché, con il fuoco si prova l'oro, e gli uomini ben accetti nel crogiuolo del dolore.* [6] *Affidati a lui ed egli ti aiuterà; segui la via diritta e spera in lui.*

v. 14 Il seme caduto in mezzo alle spine sono coloro che, dopo aver ascoltato, strada facendo si lasciano sopraffare dalle preoccupazioni, dalla ricchezza e dai piaceri della vita e non giungono a maturazione.

La sottolineatura lucana del terreno spinoso, che accoglie la Parola, è caratterizzata dalla sagace descrizione che a causa del sopraffare delle preoccupazioni della ricchezza e dei piaceri della vita, questo seme non giunge a maturazione.

Il greco di Luca si esprime con il verbo *telesphoréo*: letteralmente non giunge al suo fine, al suo scopo, alla perfezione.

Gli affanni (*merimnài*), che soffocano questa Parola rimandano immediatamente al testo di Luca del capitolo 10, dove nei versetti 38-42 è raccontato il famoso episodio dell'accoglienza di Gesù da parte di Marta e Maria nella loro Casa di Betania, dove la risposta di Gesù al rimprovero di Marta perché rimproveri Maria che l'ha lasciata sola a servire è di questo tenore:"*Marta, Marta, tu ti preoccupi e Ti agiti per molte cose: (merimnãs perì pollà).*"

v. 15 Il seme caduto sulla terra buona sono coloro che, dopo aver ascoltato la parola con cuore buono e perfetto, la custodiscono e producono frutto con la loro perseveranza.

La dinamica del terreno buono è quella del trattenere con cuore buono e perfetto la Parola per portare frutto con la perseveranza.

Nei testi paralleli e sinottici di Matteo e Marco si ricorda la gradualità di questa produzione di frutto con la perseveranza. Il trenta, il sessanta, il cento: quasi a ricordarci la bellezza della logica graduale e progressiva del nostro assimilarci nel Verbo, che ci porta, passo dopo passo, ad una reale e trasfigurante *cristificazione* (cf Mt 13,23 e Mc 4,20).

Il monito finale di Luca: *"Fate dunque attenzione a come ascoltate"* è quindi quello di fare profonda attenzione al nostro *essere ascolto* perché è necessario in ogni nostro "qui ed ora" diventare il luogo santo dove, come Maria, questa Parola si compie, si realizza e si incarna nella nostra originalità ed irripetibilità...!!!

Ascoltare la Parola significa, poi, anche divenire un cuore capace di essere discernimento. Capace di leggere, vedere ed interpretare le cose alla luce delle risonanze, che la Parola suscita in noi: *Concedi al tuo servo un cuore docile (lev shome'a)perché sappia rendere giustizia al tuo popolo e sappia distinguere il bene dal male..."* (1Re 3,9).

Il discernimento e la scelta della novità devono portare ad un continuo processo di crescita della vita dello Spirito.

Una sempre più profonda integrazione di desideri, sentimenti, reazioni e scelte per giungere ad un'attitudine esistenziale e permanente di totale affidamento nella sequela di Cristo.

"Cercare e trovare la volontà di Dio" significa "ascoltare e rispondere alla Parola di Dio qui ed ora".

La Parola di Dio, come *Tu relazionale*, mi è rivolta in Gesù e si fa storia attraverso quell'insieme di "circostanze di tempo, di luogo, e di persona", che vagliate ed interpretate, alla luce della Parola, divengono il luogo e l'occasione per penetrare sempre di più nel mistero personale della volontà del Padre sulla vita di ciascuno e aderirvi in piena libertà e con grande generosità (cf *EESS*, n.5).

Così l'ascolto del Verbo della Vita, nella Sua valenza profonda di *Parola appellativa,* diviene un elemento fondamentale del discernimento spirituale per la propria maturazione e crescita personale nella vita dello Spirito a vantaggio della Comunità:*"Non dobbiamo mai essere sordi alla sua chiamata, ma sempre pronti e disponibili a compiere la sua volontà"* (*EESS*, n.91).

"Ciò che abbiamo veduto con i nostri occhi"[19]

"Vogliamo vedere Gesù" (Gv 12,21). Gesù si fa vedere e vuole essere visto con i nostri occhi.

Vuole essere oggetto di una vista di esperienza d'amore.

---

[19] Cf W. MICHAELIS, "orào" in *Grande Lessico del Nuovo Testamento*, v. VIII, pp. 968-971; G. SEGALLA, "L'esperienza...", pp. 344-350.

Questo è il culmine del cammino di Giobbe: *Io ti conoscevo per sentito dire, ora i miei occhi ti vedono per quello che sei* (Gb 42,5).

Vedere, fissare lo sguardo. È desiderare l'amato del cuore, è sperimentare: *I miei occhi hanno visto la tua salvezza, preparata da te davanti a tutti i popoli* (Lc 2,30-31).

Questo vedere, che è sperimentare, ha una particolarità.

In greco vedere si dice *orào*, un verbo politematico, che nella sua formulazione del perfetto terzo usa una radice che significa "conoscere" (*oìda*): "ho visto, quindi, so".

La conoscenza sponsale dell'esperienza di fede è racchiusa qui.

Io vedo, quindi, conosco la Parola Sposo, e divento un tuttuno con Lui (cf 1Cor 6,17).

"ciò che noi abbiamo contemplato"[20]

Contemplare è penetrare nel mistero, è divenire "Colui che contemplo".

Non a caso è la tappa centrale e fondamentale della lectio divina.

Finita la lectio e la meditatio si sta semplicemente nel riposo rinvigorente della presenza del Verbo della Vita, che è presente in quel frammento di Scrittura.

Ed è questa esperienza forte e semplice di stare in Lui, di rimanere in Lui, di essere in Lui, che mi spinge a vivere, quasi fisiologicamente, il *Contemplata aliis tradere* di Tommaso d'Aquino.

Ti do, Ti comunico semplicemente, ma intensamente, la mia esperienza di amore e di conoscenza del Cristo, Verbo della Vita.

"e ciò che le nostre mani hanno toccato"

Il verbo che Giovanni usa, come in Lc 24,39, è il verbo *palpare* (*psêlaphao*) concreto e minuzioso.

Come noi possiamo palpare oggi il Verbo: "sentendo e gustando le cose internamente".

È sperimentare un tatto spirituale profondo, che è fatto di consolazione e di desolazione: quando il Verbo mi incendia il cuore aumentando la mia fede, la mia speranza, e la mia carità o quando il Verbo permette la desolazione.

---

[20] Cf W. MICHAELIS, "theàomai – orào" in *Grande Lessico del Nuovo Testamento*, v. VIII, pp. 968-971, G. SEGALLA, "L'esperienza...", pp. 352-353.

Su questa dinamica è interessante soffermarsi e riflettere sull'esperienza di Ignazio di Loyola, che il santo basco annota con attenzione e precisione nelle due serie di "regole per il discernimento degli spiriti" negli *Esercizi Spirituali*.

"questo scriviamo perché la nostra gioia sia perfetta"

Questa esperienza di fede e di amore spinge ad essere "i collaboratori della gioia degli altri" (cf 2Cor 1,24).

"Ho visto il Signore, Ho incontrato il Signore" e ci porto gli altri emanando il "buon profumo di Cristo" (cf 2Cor 2,15), che siamo e stiamo sempre più diventando...!!!

3. Gesù inizia Paolo di Tarso alla vita spirituale formandolo alla necessità di configurarsi a Lui per essere suo *profumo di salvezza per il mondo* (cf 2Cor 2,15)

L'esperienza della iniziazione alla vita spirituale caratterizzata dal sentire giovanneo provoca e tocca ogni discepolo nella sua esperienza spirituale credente.

La riflessione tratta dalla spiritualità giovannea la possiamo integrare nel desiderio di trovare una nuova icona, che rappresenti questa dinamica della formazione di Gesù ad una relazione profonda ed intima con Lui.

Questa immagine iconica ce la vuole donare Paolo di Tarso condividendo con noi il suo vissuto esperienziale relazionale ed unitivo con il Gesù, che lo ha conquistato (cf Fil 3,12).

Il testo-esperienza di Paolo: Gal 2,19b-20[21]

Sono stato crocifisso con Cristo, non sono più io che vivo, ma Cristo vive in me. Questa vita che io vivo nella carne la vivo nella fede del Figlio di Dio, che mi ha amato e ha dato se stesso per me.

---

[21] Per una lettura esegetica più precisa rimando alle pagine 181-184 del mio libro, già citato, *L'itinerario di* cristificazione *di Paolo di Tarso. Caratteristiche di una esperienza di Dio.*

"Sono stato crocifisso con Cristo"

Nella logica del perfetto che Paolo usa (syn*éstaurômai*): "sono stato crocifisso con Cristo" e rimango "crocifisso con Cristo in ogni mio qui ed ora".

Essere crocifisso significa entrare nella logica esperienziale di Rm 6,6-7: *Sappiamo bene che il nostro uomo vecchio è stato crocifisso con lui perché fosse distrutto il corpo del peccato e noi non fossimo più schiavi del peccato. Infatti chi è morto, è ormai libero dal peccato.*

Essere crocifisso e rimanere crocifisso diventa allora un cammino di liberazione dal peccato, dal difetto predominante come cammino di cesellatura della nostra coscienza:*"rinnovatevi nello spirito della vostra mente"* (Rom 12,2)...!!!

Così possiamo vivere la logica di Ef 4,20-24. Crocifiggere l'uomo vecchio significa spogliarsi dell'uomo vecchio: *con la condotta di prima l'uomo che si corrompe dietro le passioni ingannatrici e dovete rinnovarvi nello spirito della vostra mente e rivestire l'uomo nuovo creato secondo Dio nella giustizia e nella santità vera.*

Le passioni ingannatrici sono concretizzate nell'elenco di Gal 5,19-21 (le opere della carne): *Fornicazione, impurità, libertinaggio (v. 19), idolatrie, stregonerie, inimicizie, discordia, gelosie, dissensi, divisioni, fazioni (v. 20), invidie, ubriachezze, orge e cose del genere (v. 21).*

E nell'ottica di Gesù: (Mc 7,20-22): *Quindi soggiunse: "Ciò che esce dall'uomo quello contamina l'uomo" (v. 20). Dal di dentro (esôthen) dal cuore degli uomini escono le intenzioni cattive: Fornicazioni, furti, omicidi (v. 21), adulteri, cupidigie, malvagità, inganno, impudicizia, invidia, calunnia, superbia, stoltezza (v. 22).*

Spogliarsi dell'uomo vecchio significa immergersi in un cammino di purificazione e circoncisione del cuore, della mente e della volontà, fatto di ascolto della Parola, che è come una spada a doppio taglio che penetra nelle giunture e nelle midolla (cf Eb 4,12).

Rivestirsi dell'uomo nuovo significa accogliere l'invito di Paolo ai Colossesi: *Rivestiti come amati di Dio santi e diletti di sentimenti di misericordia, di bontà, di mansuetudine, di pazienza (Col 2,12-13).*

Essere crocifisso significa, anche, crocifiggere i *propri falsi io* in un cammino di libertà libera, liberata e liberante.

Non c'è bisogno di essere molto esperti in psichiatria, in psicologia per sapere che noi abbiamo la libertà del nostro essere nell'io profondo, nell'io vero, nel cuore, dove abita la verità della mia speranza che mi fa libero. E allora io mi devo liberare dai miei "io" preconfezionati, dai miei "io" ideali, e dai miei "io" attuali, cioè quelli che io mi fabbrico, e che non sono veri e dai miei ideali che io mi invento e che servo in maniera idolatrica, in maniera quindi di schiavitù.

Libertà da questi "io" inventati da me per giungere al vero io profondo, dove abita il Cristo, mia libertà, fonte, principio e fondamento della speranza della mia vocazione.

"Non sono più io che vivo"

"Non sono" significa accettare il paradosso dell'attentato alla partecipazione dell'*Ehjeh asher 'ehjeh* di Es 3,14. L'io è colui che è, che era e che sarà.

In At 22,3 Paolo difendendosi a Gerusalemme dice: *"Io sono un Giudeo, nato a Tarso di Cilicia, ma cresciuto in questa città, formato alla scuola di Gamaiele nelle più rigide norme della legge paterna, pieno di zelo per Dio, come oggi siete tutti voi"*.

Questo, da una parte significa avere una profonda e vera capacità contemplativa della vita, ma dall'altra significa vivere ed incarnare la capacità esistenziale di considerare *skýbala*[22] (Fil 3,8) tutto il nostro essere e la nostra storia:

> Se qualcuno ritiene di poter confidare nella carne, io più di lui: circonciso l'ottavo giorno, della stirpe di Israele, della tribù di Beniamino, ebreo da ebrei, fariseo quanto alla legge; quanto a zelo persecutore della Chiesa; irreprensibile quanto alla giustizia che deriva dall'osservanza della legge. Ma quello che poteva essere per me un guadagno, l'ho considerato una perdita a motivo di Cristo. Anzi, tutto ormai io reputo una perdita di fronte alla sublimità della conoscenza di Cristo Gesù, mio Signore, per il quale ho lasciato perdere tutte queste cose e le considero come spazzatura al fine di guadagnare Cristo ed essere trovato in lui, non con una mia giustizia derivante dalla legge, ma con quella che deriva dalla fede in Cristo, cioè con la giustizia che deriva da Dio, basata sulla fede (Fil 3,5-9).

---

[22] Il sostantivo «σκύβαλον» è un *hapax legomenon* paolino. Il suo significato forte ed incisivo sta ad indicare tutto ciò che è il risultato ed il frutto del processo metabolico e fisiologico, ottenuto durante le peristalsi gastriche ed enteriche insieme al processo di assorbimento dei villi intestinali negli esseri viventi. Lo Zerwick lo traduce insieme alla Vulgata con «stercus» (*Analysis Philologica Novi Testamenti Graeci*, 4ª ed., Romae 1984).

È necessario considerare le circoncisioni risposta alla $b^e r\hat{\imath}t$[23] di Dio sterco.

Considerare la preghiera come combattimento e resa d'amore come Giacobbe sterco[24].

Considerare l'avventura del cammino della fraternità ritrovata come sterco[25] *perché conquistati da Gesù Cristo* (Fil 3,12).

Così si passa dall'*Io idolatrico*, saccente, arrogante, autonomo, autarchico all'*Io kenotico* dello spogliamento e dello svuotamento di Fil 2,6-8:

> *Cristo Gesù pur essendo di natura divina, non considerò un tesoro geloso la sua uguaglianza con Dio. Apparso in forma umana umiliò se stesso facendosi obbediente fino alla morte e alla morte di croce.*

Che si fa capacità di rivestirsi dei sentimenti di Cristo, della mente, del cuore, della volontà di Cristo (cf Fil 2,5) ed entrare nel clima della pagina dell'esperienza di Giovanni 13,1-17.

Fermiamoci, allora, in un attimo contemplativo a godere di questa pagina giovannea dentro la nostra riflessione paolina in modo da approfondire con il contributo di Giovanni il sentire esperienziale e spirituale paolino.

---

[23] Cf la pagina di Gen 15, che abbiamo precedentemente incontrato, dove Dio stipula l'alleanza (*kârat $b^e r\hat{\imath}t$*) con Abram secondo il rito nomadico del passare attraverso gli animali uccisi e divisi a metà ed invocando su di sé la morte se non fosse rimasto a questa alleanza. E la pagina di Gen 17 dove Dio chiede ad Abramo il segno della circoncisione come risposta e collaborazione ad un'alleanza bipolare e non solamente unilaterale.

[24] Cf la pagina di Gen 32,23-33 dove Giacobbe per chiedere a Dio la benedizione ingaggia con lui un combattimento nel quale Dio sì benedice Giacobbe cambiandogli il nome in Israele: "Ti chiamerai Israele, perché hai combattuto con Dio e con gli uomini e hai vinto", ma al termine di questo combattimento Giacobbe-Israele lascia lo Iabbok passando a Penuel zoppicando perché Dio lo ha ferito all'anca...!!!

[25] La storia di Giuseppe è raccontata nei capitoli 37-50 del libro della Genesi. All'inizio è caratterizzata dal suo essere rivestito dal padre Giacobbe a diciassette anni della "tunica dalle lunghe maniche", segno della primogenitura data a lui undicesimo nato. Questo chiaramente crea nell'adolescente Giuseppe quell'orgoglio sciocco e superbo, che dovrà essere purificato da quasi venti anni di "notte oscura": dalla vendita dei fratelli fino alla schiavitù in casa di Potifar e poi nella prigione del Faraone, per giungere attraverso l'interpretazione dei sogni del Faraone ad essere rivestito della vera tunica segno della sua autentica e realizzata vocazione ad essere davvero "colui che cerca e trova i suoi fratelli" (cf Gen 37,16). La tunica dell'autorità di viceré di Egitto con la quale soccorre la fame dei fratelli e del padre Giacobbe e sazia la vera fame che era il ritrovamento e l'instaurarsi di una vera fraternità amica e comunionale.

Nel momento culminante dell'esperienza di divenire l'Essere il più dell'Amore per eccellenza, Gesù, il Verbo della Vita, vive in pienezza il suo essere un *Io kenotico*.

Gesù non considera un tesoro geloso la sua uguaglianza con Dio e spoglia se stesso facendosi servo per amore (cf Fil 2,6-11), e giungendo a vivere l'incarnazione esistenziale del "non vi chiamo più servi ma amici" (Gv 15,15), per questo vive la logica conseguenza del "non c'è amore più grande di questo dare la vita per gli amici" (cf Gv 15,13).

> *Prima della festa di Pasqua Gesù, sapendo che era giunta la sua ora di passare a questo mondo al Padre, dopo aver amato i suoi che erano nel mondo, li amò sino alla fine* (v. 1).

Gesù penetra nel mistero del suo essere l'ora del Padre attraverso un cammino di lenta e graduale conformazione al mistero del volere del Padre.

L'ora del Padre per Gesù è l'oggetto del suo amore e del suo desiderio di amore libero e liberante. Per Gesù essere l'ora del Padre significa incarnare la sua originalità vocazionale di Figlio e permettere, così, allo Spirito Amore di divenire potenza redentiva per tutti i suoi per i quali, Lui, il Verbo incarnato, Agnello di Dio, sta per versare il suo sangue per perfezionare l'alleanza iniziata nel sangue degli animali imbanditi da Abram su ordine di Dio, come abbiamo già visto e meditato in Gen 15.

L'ora è il momento, il *kairòs*, per essere amore puro e libero di donarsi totalmente ed integralmente per divenire ed essere davvero tutto a tutti (cf 1Cor 9,19).

Entrare nell'ora con Gesù, nella logica di Gv 12,26, significa accogliere l'invito a cercare di essere nelle cose del Padre, perché sia operativa la logica eucaristica ed oblativa del "non come voglio io, ma come vuoi tu" (cf Lc 22,42): perché "io faccio sempre quello che piace al Padre" (Gv 8,29)...!!!

> *Mentre cenavano, quando già il diavolo aveva messo in cuore a Giuda Iscariota, figlio di Simone di tradirlo, Gesù sapendo che il Padre gli aveva dato tutto nelle mani e che era venuto da Dio e a Dio tornava, si alzò da tavola, depose le vesti e, preso un asciugatoio, se lo cinse attorno alla vita. Poi versò dell'acqua nel catino e cominciò a lavare i piedi dei suoi discepoli ed a asciugarli con l'asciugatoio di cui si era cinto.* (vv. 3-5).

Ecco la dinamica del gesto eucaristico dell'essere nell'ora del Padre nel "più dell'Amore" scelto, deliberato ed incarnato. È nel momento della Cena, nel banchetto dell'Agape, che la Pasqua dell'Agnello inizia la sua dinamica di compimento.

L'ora-Pasqua si concretizza nel giungere al segno, anche esteriore, dello svuotamento e dello spogliamento. Gesù depone volentieri e liberamente le vesti, non solo perché gli schiavi ed i servi erano quasi nudi nel loro servizio ai padroni, ma perché Gesù sente il bisogno di quella nudità per vivere in pienezza il senso salvifico della nudità apparentemente coercitiva e obbligata del rito barbaro e disumano della crocifissione romana.

Non è minimamente importante pensare che qui la nudità fisica di Gesù non sia completa, come lo sarà sicuramente stato sul Golgota (cf gli Autori latini che descrivono il modo di crocifiggere dei Romani); importante è la scelta con cui qui Gesù accetta e prende su di sé quello che, lì sul Golgota, sarà il solo apparente "rituale d'obbligo" della nudità e della spogliazione per quella macabra e sadica procedura di eliminazione di un uomo.

Un gesto d'amore libero e liberante, che si fa nudità, non solo necessariamente accettata, ma fecondamente capace di riportare l'uomo alla nudità d'amore dell'Eden prima del dramma di Gen 3: dove era iniziato il combattimento del vecchio Adamo con Satana portato a compimento vittorioso dal Nuovo Adamo, che lo sconfigge – anche nella sua presenza in Giuda, che su sua sollecitazione ed ispirazione aveva in cuore di tradire Gesù (cf v. 2).

Gesù in questa nudità si riveste solo dell'asciugatoio messo ai fianchi. Non può non venire in mente il significato biblico del "mettersi la cintura ai fianchi" o "cingersi i fianchi". È l'invito al combattimento e, finalmente, ad un combattimento d'amore per ferire ed essere feriti dall'Amore. Essere feriti dall'Amore, amare fino alla fine e pretendere che ci si faccia Amore fino alla fine: ecco la vera realtà salvifica e trasfigurante di questa esperienza di dono oblativo ed eucaristico, comunicata e consegnata dalla persona di Gesù ai suoi. In più, se ricordiamo l'invito di Paolo in Ef 6,14: "cinti i fianchi con la verità", viene facile trovare qui l'invito di Gesù ad essere e vivere "la carità della verità" per ogni persona, che incontriamo nel nostro pellegrinaggio umano e spirituale.

Venne dunque da Simon Pietro e questi gli disse: 'Signore, tu lavi i piedi a me?'. Rispose Gesù: 'Quello che io faccio, tu ora non lo capisci, ma lo capirai dopo'. Gli disse Simon Pietro: 'Non mi laverai mai i piedi!', gli rispose Gesù: 'Se non ti laverò, non avrai parte con me'. Gli disse Simon Pietro: 'Signore, non solo i piedi, ma anche le mani ed il capo!' (vv. 6-9).

Pietro vive il dramma dello scandalo dell'Amore nudo. Lo scandalo dell'Amore Crocifisso. Entra nuovamente nell'esperienza amara di non comprendere esistenzialmente e con il cuore la necessità dell'Amore di farsi ed essere Amore Crocifisso, che diventa "sacrificio di soave odore" (Ef 5,2).

Rientra nella logica del passare dallo slancio entusiasta del "Tu sei il Cristo, il Figlio del Dio vivente" o del "Signore, da chi andremo tu solo hai parole di vita eterna" (cf Mt 16,16; Mc 8,29; Gv 6,71) al "Signore, non ti accadrà mai", che costringe Gesù a rivolgergli le parole dure ed amare del "Vattene, satana, perché tu ragioni non secondo Dio, ma secondo gli uomini..." (cf Mc 8,33)!!!

Se non si accetta la logica della nudità necessaria dell'Amore Crocifisso non si può ragionare nell'orizzonte liberante e trasfigurante della pienezza dell'Amore, che giunge all'alba radiosa della Pasqua: compimento per Gesù dell'essere nell'Ora del Padre nel "più dell'Amore...!!!

Per partecipare alla sorte gloriosa e apostolicamente feconda di Gesù, Pietro deve accogliere e vivere l'accettazione esistenziale del lasciarsi lavare i piedi per capire come si possano e si debbano lavare i piedi ai fratelli:

Vi ho dato infatti l'esempio perché come ho fatto io, facciate anche voi (v. 15).

Questo versetto 15 ci invita a riflettere e contemplare cosa significhi esistenzialmente "lavarsi i piedi gli uni gli altri", come cammino di libertà, che si dona e libera gli altri nella "carità della verità", perché la carità si compiace della verità (1Cor 13,6).

Ci sono alcune possibili vie e piste di concretizzazione ed attualizzazione del "lavarsi reciprocamente i piedi" nel nostro essere divenuti Amore libero rivestito del solo asciugatoio del servizio del "Più dell'Amore" e vivere la *diakonìa dello spirito* (cf 2Cor 3,8).

Questa *diakonía dello Spirito,* che è l'Amore ed il "Più dell'Amore", assume sempre più per Paolo a livello operativo una serie di concretizzazioni che possiamo definire: *Diakonía della verità, Diakonía del "portare gli uni i pesi degli altri"* (cf Gal 6,2), *Diakonía del discernimento, Diakonía dell'affetto, Diakonía delle lacrime.*

La *diakonia della verità* è divenire, essere e farsi *carità della verità*.

È, cioè, entrare nella logica dell'essere persone libere e liberate dai falsi io, e che sono giunte sempre più al loro "io profondo ed autentico", dove è la loro verità, il Cristo verità, "intimior intimo meo", e rendono ragione del Cristo, loro Speranza, che facendo loro conoscere la loro verità le fa libere e le fa capaci di liberare (cf Gv 8,32) non imponendo nessun falso schema di artificiosa, sterile e sovrastrutturale verità di se stesse, riuscendo ad abbattere ogni maschera di falsità, menzogna ed ipocrisia: via diabolica nella nostra vita di relazioni comunitarie e fraterne (cf 2Cor 11,14).

La *diakonia del portare i pesi gli uni degli altri* (cf Gal 6,2) è sempre più entrare nella logica che se *il fratello non mi è peso non lo posso considerare fratello*[26], che il Signore mi dona per crescere e maturare insieme in un dialogo di confronto sereno e di provocazione di amore libero ad aprirsi sempre più agli orizzonti di maturità cristificata per cui ciascuno originalmente è fatto e pensato da Dio per l'eternità.

La *diakonia del discernimento* significa ricordarsi del bisogno esistenziale di rivestirsi, come già dicevamo più sopra nel terzo paragrafo, di quell'amore delicato, raffinato, sensibile e tenero, che Paolo canta in Fil 1,9, e che è l'unica sicurezza per giungere a scegliere ed incarnare in ogni nostro "qui ed ora" il *meglio* ed il "*Più dell'Amore*", di cui si riveste la volontà dell'Amore del Padre su ciascuno di noi.

La *diakonia dell'affetto*, attraverso la quale Gesù vuole ricordare che il cuore del discepolo, iniziato e formato alla scuola dell'intimità con il Suo essere il Maestro, è fatto per amare e vivere, in una libertà del cuore sempre più autentica, le dinamiche relazionali con i fratelli nel Signore.

Queste dinamiche devono allora rivestirsi di sentimenti affettivi, che siano caratterizzati da risonanze di delicatezza, sensibilità, tenerezza e raffinatezza, che rappresentino e siano una permanente *schola affectus*[27] ai piedi del Maestro, che è Colui che ha "il Cuore mite ed umile" (cf Mt 11,29) e proprio per questo di amare in un amore appassionato, tenero, delicato ed allo stesso tempo forte, maturo e fecondo (cf 1Cor 16,24: "*il mio affetto (agâpe) sia con tutti voi in Cristo*").

---

[26] Cf D. BONHOEFFER, *La Vita Comune*, capitolo quarto, Milano 1980.

[27] Rimando alle pagine 15-17 del mio libro sopra citato: *La cristificazione... .*

La *diakonia delle lacrime*, che è la capacità di Paolo di essere nel Gesù, che vive in lui, protagonista del verbo *splanchnìzomai,* con cui gli evangelisti descrivono la commozione empatica di Gesù per le folle, per Gerusalemme, per la morte di Lazzaro.

"ma Cristo vive in me"

Nel riprendere la nostra riflessione sul testo paolino di Gal 2,20 siamo invitati a giungere, *attraverso questo ascolto profondo e trasfigurante*, a vivere un'autentica esperienza di fede, di speranza e di amore che ci permette di vivere un'esperienza spirituale davvero cristificata, in cui il Cristo vive la sua originalità nella mia originalità.

Fabrizio *si cristifica*, Cristo si *"fabrizizza"*.

Cosicchè il Cristo: *vive (Fil 1,21) pensa (1Cor 2,16), opera (Gal 2,20, ama (2Cor 5,14), vuole (At 22,10), prega (Rom 8,26-27), soffre (Fil 1,29), muore (Gal 2,19b;Rom 6,6) risuscita (2Cor 5,17) in me*[28].

"Questa vita che io vivo nella carne"

È l'esperienza della vita nella carne eucaristica. Non più una vita nella carne di peccato, ma l'invito forte ed appassionato di Paolo alla vita nella carne, che diventa la carne dell'offerta del corpo. "Questo è il mio corpo", come libertà liberata, che si dona per liberare molti nel "Più dell'Amore".

"Divento carne e do me stesso da mangiare" (cf "Date loro voi stessi da mangiare": Mt 14,16) nella logica della prevenzione dell'amore delicato, tenero e raffinato (cf Fil 1,9).

"Che mi ha amato e ha dato se stesso per me"

La cristificazione diventa partecipazione all'essere amore d'amicizia eucaristico: *"Non c'è amore più grande di questo dare la vita per gli amici"* (Gv 15,13).

Si giunge a donare il proprio "io profondo" nell'"io profondo" di Gesù che lo dona ogni momento per me. È il cammino dell'esperienza spirituale cristificante come conformazione trasfigurativa e quindi sostitutiva.

---

[28] G. ALBERIONE, *Donec formetur Christus in Vobis*. Meditazioni del Primo Maestro, Alba-Roma 1932, p. 64.

Così si entra, *attraverso questo ascolto cristificante*, nell'Apostolato della vita interiore eucaristica e cristificata.

L'apostolo diviene ed è un ostensorio che contiene Gesù Cristo e spande una luce ineffabile intorno a sé, la luce che viene dalla perenne conversione (cf 2Cor 4,6)[29].

Credo che questo veloce cammino di studio contemplativo, che la Parola ci ha donato, mettendoci alla scuola di come Gesù, il Maestro Divino, inizi i Suoi discepoli alla vita spirituale nell'esperienza intima con Lui, possa donarci quel desiderio e quella passione di chiedere al Signore Gesù anche noi come Giovanni: *Maestro dove abiti?* per *andare e rimanere con Lui* e vivere perennemente le nostre *quattro del pomeriggio nel cuore orecchio* con Gesù, nostro Signore, Maestro ed Amico (cf Gv 1,38-39).

---

[29] "Apostolo è colui che porta Dio nella sua anima e lo irradia attorno a sé. Apostolo è un santo che accumulò tesori; e ne comunica l'eccedenza agli uomini. L'Apostolo ha un cuore acceso di amore a Dio ed agli uomini; e non può comprimere e soffocare quanto sente e pensa. L'Apostolo è un vaso di elezione che riversa, e le anime accorrono a dissetarsi. L'Apostolo è un tempio della SS. Trinità che in lui è sommamente operante. Egli, al dire di uno scrittore, trasuda Dio da tutti i pori: con le parole, le opere, le preghiere, i gesti, gli atteggiamenti; in pubblico ed in privato; da tutto il suo essere. Vivere di Dio! e dare Dio": G. ALBERIONE, *Ut perfectus sit Homo Dei*, Roma 1961, v. IV, pp. 277-278.

Come iniziava Ignazio alla vita spirituale?

di Rogelio García Mateo S.J.

1. Iniziazione alla vita spirituale in genere

1.1. *A Gerusalemme e a Barcellona*

Ignazio comincia ad "aiutare le anime", così lui stesso chiama la sua attività apostolica, senza un programma determinato. Con il cambiamento di vita scaturito dalla sua conversione, iniziato con la convalescenza a Loyola, dopo essersi ferito gravemente difendendo la fortezza di Pamplona (maggio 1521), egli vuole andare da pellegrino a Gerusalemme per visitare i Luoghi Santi, cioè rammemorare la presenza terrena di Gesù. Non bastavano ovviamente le profonde esperienze spirituali e mistiche vissute a Manresa[1] poche settimane prima; attraverso di esse egli ha avuto conoscenza del mistero trinitario, della creazione del mondo e dell'umanità di Cristo, soprattutto nell'illustrazione presso il fiume Cardoner (Au 27-30)[2]; di modo che aveva l'impressione che Dio lo avesse trattato in questo periodo "come un maestro di scuola tratta un bambino, quando gli insegna". Dunque, con il suo pellegrinare in Terra Santa Ignazio sente inoltre il bisogno di prendere sul serio il Gesù storico, il Gesù di carne e ossa per una vita spirituale autentica. Secondo alcuni gruppi del movimento degli "alumbrados", che Ignazio conosceva bene, erano sufficienti le alte esperienze spirituali, tanto da disprezzare ciò che era materiale, terreno. Si trattava di una sorta di spiritualità che oggi si definirebbe come "liquida", secondo la New Age, senza un contenuto evangelico chiaro[3]. Igna-

---

[1] Città vicina a Barcellona e all'abbazia benedettina di Monserrato, dove Ignazio ha soggiornato per circa un anno, dopo aver fatto la consacrazione alla Madonna di Monserrato e prima d'imbarcarsi per Gerusalemme da Barcellona.

[2] Gli scritti ignaziani si citano, se non si indica altro, con le abbreviazioni: Au = Autobiografia (Racconto del pellegrino), EE = Esercizi spirituali.

[3] Gli *alumbrados* (illuminati) compaiono come un movimento spirituale variegato in diverse regioni della Spagna. In Castiglia si sviluppa verso gli anni 1519-1523, soprattutto a Toledo e Guadalajara. Varie sono le caratteristiche di questo gruppo: disprezzo delle devozioni popolari quali reliquie, processioni, venerazione

zio invece considera come il divino, il mistico sia inseparabile dal Vangelo e dal concreto storico; in questo modo egli non fa altro che sottolineare la realtà del mistero dell'incarnazione come base della vita spirituale cristiana, che poi svilupperà negli Esercizi, come vedremo.

Oltre a questa devozione cristocentrico-trinitaria egli "aveva proposto fermamente di restarsene per sempre a Gerusalemme per aiutare le anime" (Au 45), cioè aiutare i pellegrini che, come lui, volevano vivere sul luogo le vicende della vita di Cristo. Siccome questi luoghi si trovavano sotto il dominio musulmano, la cui intolleranza religiosa è tutt'oggi fin troppo conosciuta, a lui non restava altro che testimoniare in silenzio la fede con la cura dei bisognosi, facendosi carico dei pellegrini, accompagnandoli come il buon samaritano, che lava, pulisce, solleva il prossimo, praticando le opere di misericordia. Se i musulmani avessero percepito la sua testimonianza come un servizio spirituale cristiano, lo avrebbero subito incarcerato e poi condannato a morte. La sua attività a Gerusalemme implicava dunque una chiara disponibilità al martirio. Questa pericolosità è la ragione per cui il P. Guardiano dei francescani non gli ha permesso di restare lì, come è spiegato nel suo racconto autobiografico (Au 45-47).

Queste circostanze però cambiavano totalmente la sua intenzione spontanea e semplice di "aiutare le anime" per una vita spirituale alla sequela di Cristo. E ora, cosa fare? Nel racconto autobiografico si legge: "Da quando capì che era volontà di Dio che non restasse a Gerusalemme, andava sempre pensando dentro di sé cosa dovesse fare. Alla fine si sentiva maggiormente inclinato a studiare per un certo periodo, per poter aiutare le anime. E decise di andare a Barcellona" (Au 50).

Quindi egli ha compreso in questo breve periodo trascorso a Gerusalemme (25 giorni) che per avere una vita spirituale a posto, per se stesso e per gli altri, si richiede, oltre all'esperienza personale, il contenuto oggettivo della fede. Teologicamente troviamo qui un chiaro esempio in grado di mostrare bene come la "fides qua", la fede come espe-

---

dei santi; disprezzo di forme esterne della fede quale la preghiera vocale; uno spiritualismo che rifiuta, dopo aver raggiunto magari un alto grado di contemplazione, ogni mediazione umana e istituzionale per trovare l'unione con il divino; sfocia in nome della libertà di spirito nel disprezzo delle pratiche ascetiche. Cfr. M. ROTSAERT, *Ignace de Loyola et les renouveaux spirituells en Castille au debut du XVIe siècle*, CIS, Roma 1982, 111-127; M. ANDRÉS, *Historia de la mística de la edad de oro en España y América*, Madrid 1994, 247-281.

rienza propria, non si possa assolutizzare in modo soggettivistico, come nel caso, per esempio, degli *alumbrados,* bensì come sia da mettere insieme alla "fides quae", alla fede come contenuto della rivelazione cristiana, il cui riassunto lo troviamo nel Credo. Da un semplice personale e generico "aiuto alle anime" adesso egli cerca un modo più qualificato, più oggettivo per vivere personalmente la fede e introdurre gli altri con sicurezza alla vita spirituale.

A Barcellona impara il latino, che era la lingua con cui si studiava nelle università, per due anni (1524-1526). Durante questo periodo, però, non ha abbandonato il suo desiderio di "aiutare le anime". Sappiamo (dai processi di canonizzazione) che egli cercava di aiutare le persone che avvicinava non solo con la buona testimonianza evangelica, ma anche con la conversazione spirituale e con contatti personali, raccomandando la pratica dei sacramenti, in particolare quello della riconciliazione. Visitava inoltre gli ammalati, i prigionieri, i poveri, muovendo inoltre i primi passi per creare un metodo di vita spirituale, che poi si è concretizzato negli "Esercizi spirituali". È probabile che attraverso questa forma incipiente di dare gli Esercizi si siano avvicinati a lui i primi tre compagni: Juan de Arteaga, Lope de Cárcere e Calisto de Sa. Non si tratta solo di un rapporto amichevole, ma del desiderio di condividere lo stesso stile di vita d'Ignazio nella semplicità e nell'aiuto alle anime.

Più che una preoccupazione o una strategia per reclutare compagni da parte d'Ignazio, si constata di fatto un movimento spontaneo di persone verso di lui per la formazione di un gruppo. Dunque, a Barcellona, assistiamo all'inizio di una forma comunitaria di vita spirituale, che a Parigi con i voti di Montmartre e poi a Roma (1540) prenderà una forma stabile nella fondazione della Compagnia di Gesù. Il periodo di studio a Barcellona riveste pertanto un momento molto importante nella crescita spirituale dell'opera ignaziana: una mera iniziativa personale consistente nel vivere alla sequela di Cristo comincia ad acquistare da questo momento una forma comunitaria.

1.2. *Ad Alcalá e Salamanca*

Poiché a Barcellona non c'era ancora l'Università egli decide di andare ad Alcalá, a circa 25 Km da Madrid, dove c'era un'università umanistica, fondata nel 1508 dal cardinale Cisneros, in cui gli studi biblici erano molto apprezzati. In questa città universitaria Ignazio sviluppa ancora di più, ma non senza difficoltà, l'itinerario spirituale cominciato a Barcellona. Agli occhi della gente, dall'esterno, il gruppo era riconoscibile per il modo di vestire e per la pratica del mendicare. "Un giorno un chierico e altri che stavano con lui, vedendolo chiedere elemosine, cominciarono a deriderlo e a ingiuriarlo, come si suole fare con quelli che, pur essendo sani di mente, vanno a mendicare" (Au 56). Sono le conseguenze di una povertà liberamente scelta per imitare Gesù povero e umile, che agli occhi degli altri appare incomprensibile, producendo disprezzo e umiliazioni.

Sul modo in cui lui iniziava in questo periodo alla vita spirituale offrono informazioni gli atti dei processi che si tennero ad Alcalá ad opera del tribunale dell'Inquisizione, per chiarire la correttezza del suo insegnamento. Sappiamo che Ignazio e i suoi compagni svolgevano la loro attività spirituale attraverso conversazioni personali o in riunioni di piccoli gruppi. Non sembra che egli abbia dato in questo periodo gli esercizi completi, come poi ha fatto con i compagni di Parigi. Erano piuttosto esercizi che, dopo, sono stati chiamati "leggeri" o "lievi", per persone che si vogliono iniziare alla vita spirituale. A questo proposito nel libro degli Esercizi (n. 18) si dice che gli esercizi si devono adattare alle disposizioni delle persone che li vogliono fare, tenendo conto della loro età, cultura e intelligenza "affinché a chi è poco colto o debole di fisico non si diano cose che non possa portare agevolmente e dalle quali non possa trarre profitto. Allo stesso modo, si deve dare a ciascuno secondo la misura in cui vorrà rendersi disponibile, perché possa trarne più aiuto e vantaggio".

Colpisce subito il grande rispetto che Ignazio mostra per il soggetto spirituale, in modo tale che l'adattamento al soggetto è da considerare uno dei capisaldi del modo di procedere ignaziano fin dall'inizio. Non è la persona per gli esercizi, ma gli esercizi per la persona. Ciò che oggi si definisce come esercizi personalizzati, si trova chiaramente descritto nel testo ignaziano. Così si concretizza anche la materia: pertanto, a chi si vuole dare un aiuto per istruirsi "fino a un certo grado, si può dare l'esame particolare e dopo l'esame generale; e insieme il modo di pregare, per mezz'ora, al mattino, sui comandamenti, i peccati mortali, ecc." (EE 18), si raccomanda inoltre anche la confessione e la comunione. Ma dipenderà sempre dalle capacità della persona.

Quando si parla della pratica dell'esame come elemento per iniziarsi alla vita spirituale non lo si deve confondere con l'esame che di solito si fa come atto preliminare per ricevere il sacramento della riconciliazione. Esso ha come scopo la ricerca volontaria e diligente dei propri peccati in ordine alla confessione, mentre l'esame raccomandato da Ignazio vuole inoltre che il credente conosca meglio se stesso, che prenda coscienza dei suoi problemi, delle sue responsabilità, che cominci a organizzare la propria vita con prudenza in vista di un progresso nei confronti di Dio e del prossimo. Così si distingue tra esame particolare ed esame generale (EE 24-43).

Oltre questi elementi d'iniziazione Ignazio offriva l'insegnamento della dottrina cristiana. Trattava argomenti di ordine morale, spiegava i Vangeli e alcuni testi di san Paolo e di altri santi. Le persone che egli incontrava ad Alcalá generalmente non erano di alto rango sociale, come era stato prevalentemente a Barcellona, ma piuttosto gente comune: vedove, ragazze, studenti e anche chierici e frati. La sua attività pastorale produce effetti positivi, ma anche mozioni e fenomeni strani (svenimenti, visioni, ecc.) che suscitano sospetti e scalpore tra la gente. Questi fatti gli procureranno tre processi e più di 40 giorni di prigione (Au 60-62). Forse Ignazio allora ha superato i confini della prudenza pastorale senza tener conto del difficile momento in cui si trovava, poiché nel 1525, un anno prima del suo arrivo ad Alcalá, era stato pubblicato l'editto contro un gruppo di "alumbrados" (quelli di Toledo), con cui i metodi d'Ignazio e dei suoi compagni dall'esterno potevano essere confusi facilmente.

La sentenza dei processi riguardava il modo di vestire che non doveva essere diverso da quello proprio degli studenti di Alcalá, che indossavano un abito nero; inoltre imponeva loro di non parlare di cose di fede prima di aver studiato per quattro anni. Ma a Ignazio non piaceva che gli chiudessero la porta "per fare del bene alle anime". Decise quindi di fare ricorso contro la sentenza di fronte all'arcivescovo di Toledo (Alonso de Fonseca), adesso arcivescovo di Valladolid, che lo accolse molto bene e, sapendo che Ignazio aveva intenzione di andare a Salamanca per continuare gli studi, gli disse che anche là aveva degli amici e un collegio da lui fondato, e mise tutto a sua disposizione (Au 63).

Arrivò a Salamanca agli inizi di luglio nel 1527. Se durante l'anno e mezzo trascorso ad Alcalá aveva potuto studiare poco, a Salamanca poté studiare ancora meno. Una dozzina di giorni dopo il suo arrivo si trovò di nuovo coinvolto in alcuni interrogatori (Au 64). Aveva come confessore un domenicano del convento di Santo Stefano e la sua presenza suscitò interrogativi tra i domenicani. Una volta il confessore gli disse che i Padri avrebbero avuto piacere a parlare con lui, e per questo lo invitò a mangiare con la comunità. Ignazio accettò e insieme a Callisto si recò a pranzo. Dopo furono invitati a conversare sul loro insegnamento, poiché sapevano "che andavano predicando alla maniera apostolica", cioè in modo itinerante (Au 65). Il frate aveva domandato loro cosa avessero studiato e Ignazio aveva risposto che avevano studiato poche cose. "Ma allora – aveva detto il frate – che cosa predicate?" (la predica è un insegnamento che implica la "missio canonica"), perciò Ignazio si era reso conto della gravità di questa obiezione e aveva risposto: "Noi non predichiamo, ma con alcuni parliamo familiarmente delle cose di Dio, come facciamo dopo mangiato con alcuni che ci invitano".

Furono trattenuti in convento. Passati tre giorni, andò un notaio diocesano che li condusse in carcere e li mise in catene. Ignazio consegnò ai giudici i suoi scritti affinché li esaminassero. C'era soprattutto un punto da chiarire e concerneva la distinzione tra peccato mortale e peccato veniale riguardo ai pensieri. "Se voi non avete studiato – domandarono i giudici – perché determinate queste cose?". Ignazio rispose: "Decidete voi se questa cosa è o non è verità. Se non lo è, condannatela" (Au 68). I giudici non la condannarono. Ignazio e i suoi compagni potevano fare come prima, insegnando la dottrina cristiana, però "non predicassero mai questo è peccato mortale, o questo è peccato veniale, se non fossero trascorsi quattro anni di ulteriori studi" (Au 70).

Questa sentenza era più tollerante di quella di Alcalá, ma toccava tuttavia un punto vitale del suo modo di "aiutare le anime". Delle persone che si affezionavano al suo insegnamento, alcune erano profondamente colpite dalla realtà del peccato, dunque occorreva anzitutto chiarire la vera entità dei loro atti. Il merito pastorale d'Ignazio consiste proprio nell'aver compreso questa necessità, perciò lui stesso afferma che la sentenza senza condannarlo in nulla, gli "chiudeva la bocca" affinché non aiutasse il prossimo in ciò che poteva (Au 70).

Da queste risposte come dai tentativi di Alcalá e Barcellona risulta chiaro il modo in cui Ignazio inizia alla vita spirituale in genere, cioè parlando familiarmente delle questioni che interessano, anzi colpiscono le persone che lo consultano. La conversazione spirituale diventa sin dai suoi primi passi apostolici il modo principale per aiutare le anime[4].

---

[4] H. ALPHONSO (a cura di), La "Conversazione Spirituale". Progetto Apostolico nel "Modo di procedere Ignaziano", Roma 2006.

1.3. A Parigi

Questo aspetto lo troviamo di nuovo a Parigi. Nella scelta di Parigi influì sicuramente la fama di questa Università, che continuava ad essere la più importante e la più frequentata di quel tempo (circa 4000 studenti di diverse nazionalità, distribuiti in collegi), il crocevia del mondo culturale di allora, in cui si trovavano tutte le correnti del pensiero occidentale: la scolastica medievale, l'umanesimo rinascimentale e l'incipiente ma molto attivo luteranesimo. Inoltre Ignazio non parlava francese, così le possibilità di fare apostolato diminuivano considerevolmente, potendosi così dedicare in maniera più seria allo studio. Arrivò a Parigi nel febbraio del 1528. Prima di iniziare gli studi, presso il collegio di Sainte-Barbe, ci fu scalpore, un grande clamore tra gli studenti, quando coloro che frequentavano spiritualmente Ignazio cominciarono a cambiare radicalmente vita, dando i loro beni in favore dei poveri. Certamente, egli esercitava un forte influsso spirituale, attirando a una vita cristiana più autentica. In una lettera a suo fratello (giugno 1533), spiega le ragioni per le quali ha tardato a scrivere alla sua famiglia: l'impegno nello studio e poi *muchas conversaciones, mas no temporales,* ossia, di tipo spirituale.

A Sainte-Barbe gli fu data una stanza in cui abitavano anche il savoiardo Pierre Favre e il navarrese Francisco de Javier. Nel racconto autobiografico si dice soltanto: "in questo tempo conversava con Maestro P. Fabro e con il Maestro Saverio" (Au 82). Questa affermazione dà già un rilievo particolare al loro rapporto, contrassegnato dalle conversazioni che, all'inizio, furono certamente piuttosto di tipo accademico o studentesco. Il racconto più ampio di questo incontro si trova nelle *Memorie Spirituali* di Fabro, che era alla fine degli studi di filosofia, mentre Ignazio stava per iniziarli. Vivendo nello stesso collegio e nella stessa camera, Fabro si offrì di aiutarlo nello studio. Le conversazioni spaziavano sicuramente dalla filosofia aristotelica ad un livello spirituale, rispetto al quale il maturo discepolo, 15 anni più grande di Fabro, era superiore. Fabro, riconoscendo le qualità spirituali d'Ignazio, volle mettere ordine nella sua vita spirituale, gli aprì la sua coscienza, come si legge nelle sue *Memorie:* egli parlò a Ignazio del voto di castità che aveva fatto in giovinezza, espose le incertezze di cui soffriva a causa del non essersi confessato bene, e del desiderio di ritirarsi in solitudine e fare grandi penitenze.

Alcune di queste cose erano ben note allo stesso Ignazio, il quale, dopo la ferita di Pamplona, a Loyola e a Manresa faceva penitenze per i suoi peccati, cadendo nel tormento degli scrupoli, sentendosi poi "liberato per la misericordia di Dio" (Au 25)[5]. Così Ignazio consigliò a Fabro di riconciliarsi con Dio e con se stesso, facendo una confessione generale, e di frequentare i sacramenti. Fabro era pronto per fare gli esercizi spirituali; tuttavia Ignazio non lo considerava preparato e lo dissuase. Per il momento, invece, gli fece acquisire maggiore fiducia in se stesso, lo aiutò a superare i suoi scrupoli, gli insegnò a dominare le sue fantasie e a cercare la pace interiore, aspettando che lo sviluppo spirituale raggiungesse il momento opportuno per fare il mese di Esercizi; nella conversazione spirituale stessa, cercava i punti rilevanti, senza incuriosirsi riguardo agli atti peccaminosi. Certo, questo tipo di conversazione aveva a sostegno un sottofondo di sincera amicizia. Essa crea una sfera in cui sono trasfigurati ed impregnati di affetto i rapporti interumani; non impone uniformità, lascia libere le persone coinvolte, perché si sentano "amici nel Signore", come diceva Ignazio[6].

Questo rivela come tale amicizia sia profondamente ancorata al piano della fede, aprendo così tutto un orizzonte spirituale e teologico che oltrepassa categorie puramente psicologiche, ponendoci nella prospettiva della fratellanza dell'agape di Gesù. La comunione incondizionata tra il Padre, il Figlio e lo Spirito è, ovviamente, l'origine e il paradigma di ogni amore e amicizia in senso cristiano.

Con Fabro la conversazione spirituale sorse spontaneamente. Con Francesco Saverio, invece, non si stabilì affatto in modo naturale. Si attribuiscono ad un collaboratore d'Ignazio, Polanco, le seguenti parole: "Ho udito dire dal P. Ignazio che la pasta più dura che abbia mai mangiato fu quella del giovane Saverio". Pieno di slancio giovanile e con il sogno di una carriera ecclesiastica brillante, Ignazio lo aiutò anche materialmente, però soprattutto aprendogli gli occhi affinché vedesse i pericoli di certi amici dalla vita ambigua e dalle idee confuse, tuttavia non riusciva a stabilire un contatto confidenziale con lui. Fu durante i sette mesi dell'anno 1533, in cui Fabro partì per la sua terra, che Saverio, convivendo solo con Ignazio, potè scoprire e apprezzare

---

[5] C. De Dalmases, *Il Padre Maestro Ignazio. La vita e l'opera di sant'Ignazio di Loyola*, Milano 1984; R. García Mateo, *Ignazio di Loyola. Persona – Mistica – Spiritualità*, Roma (PUG) 2016.

[6] Monumenta Historica Societatis Iesu, *Epistolae et Instructiones*, vol. I, 118-123.

meglio la profondità spirituale che Ignazio gli proponeva. Di fatto, al suo ritorno, Fabro trovò Saverio molto cambiato e fermamente deciso ad impegnarsi nel progetto ignaziano.

Lo sviluppo di questi rapporti poggia, come vediamo, sul contatto umano e spirituale, che prende però la sua forza dalla testimonianza di vita cristiana che Ignazio esprime, come afferma lo stesso Saverio: "essendo egli (Ignazio) una persona veramente da Dio e di ottima vita"[7]. È quindi la vita personale di Ignazio che apporta credibilità, cioè efficacia spirituale alla sua conversazione, al suo rapportarsi con gli altri. Questo ricorda il modo in cui Paolo evangelizzava, facendosi imitatore di Cristo (1Cor 4,17). Infatti, lo stesso Gesù ha sottolineato il valore dell'esempio, quando dopo la lavanda dei piedi, ha detto: "Vi ho dato l'esempio, perché come ho fatto io, così facciate anche voi" (Gv 13,15).

La parola persuade, l'esempio convince, dà autenticità alla parola, dà credibilità al messaggio. Le due cose coesistono nel modo in cui Ignazio accompagna nella vita spirituale alla sequela di Cristo. Egli trasmette il messaggio evangelico in quanto esso ha già permeato e impregnato la sua esistenza, "persona veramente da Dio e di ottima vita", come dice Saverio. Ed è per questo che la sua testimonianza esercita un fascino e un richiamo spirituale. D'altro canto, egli non dubitava della necessità di mettere il suo interlocutore a confronto diretto con il Vangelo; così al carrierista Saverio, ripete spesso: "Che giova all'uomo guadagnare il mondo intero, se poi manda in rovina la sua anima?" (Mt 16,26). Allo stesso tempo dà alla sua conversazione un carattere proprio, che rispecchia il suo modo di comprendere e vivere la fede: metteva in primo piano la volontà di Dio al punto tale da sfidare il suo interlocutore a cercarla e trovarla: "è più conveniente e molto meglio poiché si cerca la divina volontà, che lo stesso Creatore e Signore si comunichi inmediate alla sua anima devota " (EE 15). La conversazione spirituale ignaziana non è duale (io-tu), ma addirittura triadica (Dio-io-tu). Il ruolo d'Ignazio è quello di accompagnare, non di pesare o determinare la decisione degli altri.

I migliori esercitanti che Ignazio ha avuto – a cominciare dai primi compagni di Parigi - furono introdotti alla vita spirituale in genere e, concretamente, al mese di esercizi, attraverso delle conversazioni spirituali. In questo modo la conversione spirituale acquista, inoltre,

---

[7] F. SAVERIO, *Dalle terre dove sorge il sole. Lettere e documenti dall'oriente*, Roma 1991, 52.

un ruolo non solo iniziale, ma anche fondamentale e permanente nel-
l'insieme della spiritualità ignaziana, facendosi elemento integrante degli
Esercizi spirituali.

2. Iniziazione agli Esercizi spirituali

Gli Esercizi ignaziani, anche quelli che si svolgono nella vita quotidiana, si fanno nel ritiro, nel silenzio, ciononostante si parla, si conver-
sa, si colloquia sempre: con Dio, con se stessi o con la persona che dà
gli esercizi, il cosiddetto maestro/a o direttore/ direttrice. Nel testo si
insiste però sul fatto che la cosa più importante è che Dio può e vuole
parlare, trattare direttamente, "inmediate con la sua anima devota, ab-
bracciandola nel suo amore e lode " (EE 15), e ciò culminerà poi alla
fine degli Esercizi nella "Contemplazione per raggiungere l'amore" (EE
230); quindi essi sono una sorta di *mistagogia,* come alcuni autori rile-
vano, cioè una iniziazione esperienziale e non puramente teorica o dottrinale al mistero dell'amore di Dio manifestato in Gesù[8].

2.1. *Atletismo spirituale*

Dunque anche gli Esercizi hanno una dinamica iniziatica, ma molto più sviluppata, articolata e concreta della semplice conversazione
spirituale. Cominciano con le "Annotazioni" in cui si introduce alla
pratica degli esercizi, dando alcune nozioni generali sul nome, sul fine,
sulla durata e sulla loro organizzazione. Così la 1ª annotazione dice:

> "Con il nome di esercizi spirituali si intende ogni forma di esame di
> coscienza, di meditazione, di contemplazione, di preghiera vocale e men-
> tale, o di altre attività spirituali. Infatti, come il passeggiare, il cammina-
> re, il correre, sono esercizi corporali, così si chiamano esercizi spirituali
> i diversi modi di preparare e disporre l'anima a liberarsi da tutte le affe-
> zioni disordinate e, dopo a cercare e trovare la volontà di Dio nell'orga-
> nizzazione della propria vita, in ordine alla salvezza" (EE 1).

Quindi, nelle prime righe vengono enumerate le pratiche spirituali-
li già conosciute e praticate da secoli: l'esame di coscienza, la preghiera mentale e vocale, la meditazione e la contemplazione. Ignazio dun-

---

[8] C. M. Martini, *Mettere ordine nella propria vita. Meditazioni sul testo degli
Esercizi di sant'Ignazio*, Casale Monferrato (AL), 1992; K. Rahner, *Elevazioni sugli
Esercizi di sant'Ignazio*, Roma 1967.

que prende sul serio la tradizione spirituale precedente, ma allo stesso tempo la reinterpreta, le dà una nuova prospettiva, facendo il paragone con gli esercizi corporali. Così come il corpo ha bisogno di esercizi fisici: camminare, correre, fare ginnastica, palestra, sport, ecc., per essere sano e in forma, in modo simile lo spirito ha bisogno di esercizi, di attività che lo animino e lo impegnino rivitalizzandolo nella fede. Guardare una corsa, una maratona, o una partita di calcio non è lo stesso che parteciparvi di persona. Negli Esercizi spirituali si tratta proprio di partecipare attivamente nella "palestra" dello spirito cristiano, di "allenarsi" nella fede della sequela di Cristo. Già Paolo aveva fatto un paragone sportivo per descrivere la vita cristiana: "Non sapete che nelle corse allo stadio tutti corrono, ma uno solo conquista il premio […] Ogni atleta e temperante in tutto: essi lo fanno per ottenere una corona corruttibile, noi invece una incorruttibile" (1Cor 2,24).

Osserviamo dunque che non si tratta di ascoltare delle prediche o di leggere un bel trattato sulla vita spirituale, bensì di esercitarsi nella meditazione e nella contemplazione della sequela di Cristo con un certo metodo, in vista di un progresso, di un fine, di una mèta: liberarsi dalle affezioni disordinate, per poi cercare e trovare la volontà di Dio nell'organizzazione della propria vita in ordine alla salvezza. È espresso così, in sintesi, il cammino fondamentale della vita spirituale cristiana: cercare ciò che Dio vuole da me e cercarlo nella convinzione che lo troverò solo disponendomi a lasciarmi liberare dalle cose disordinate, mediante la sequela di Cristo, cioè liberandomi dai condizionamenti egoistici, peccaminosi, dai ricatti affettivi, dalle pigrizie che si accumulano anche nelle realtà apparentemente più positive.

Gli Esercizi vogliono aiutare a scegliere e concretizzare i parametri della vita secondo il Vangelo, ponendosi sotto la forza trascinante dello Spirito Santo, che purifica e discerne, capacitando a considerare gli eventi personali, ecclesiali e sociali con libertà e creatività evangeliche.

Essi implicano un metodo, un ordine, ma senza cadere nella rigidità. Si tratta, come nella conversazione spirituale, di una procedura flessibile, adattabile; ciascuno fa i suoi esercizi, ma allo stesso tempo nessuna arbitrarietà. Ci sono credenti che procedono nella vita spirituale senza un reale progresso, perché tra l'altro non hanno in vista alcun obiettivo concreto. Si applicano nella preghiera, nella lettura spirituale, ecc. e intanto non vanno avanti nel vivere la fede. Così si cade facilmente nella routine e nella noia spirituale. Se invece si guarda alla vita spirituale non semplicemente come a dei doveri quotidiani da compiere in qualche modo, ma come a un mezzo per giungere, per crescere nella conformazione a Cristo, "che per me si è fatto uomo perché più lo ami e lo segua" (EE 104), la vita spirituale acquista la dinamica del "più", del "magis" ignaziano, del "ad maiorem Dei gloriam", che è inseparabile dal "maggiore servizio del prossimo" o come dice san Ireneo: "la gloria di Dio è l'uomo vivente", allora non c'è piena gloria di Dio, se ci sono persone calpestate nella loro dignità e nei loro diritti. In questo modo sicuramente non sarà noiosa né routinaria la vita di fede.

Con buona ragione si parla degli Esercizi come modi di "preparare e disporre" lo spirito. Quindi non sarebbe realistico pensare che questa mèta possa essere raggiunta in modo definitivo nel breve tempo di un ritiro, pur essendo di trenta giorni. È invece il lavoro di un'esistenza intera. Non si finirà mai completamente in questa vita di cercare la gloria di Dio e il bene del prossimo nella sequela di Cristo.

2.2. *Amore divino e amore umano*

L'itinerario degli Esercizi consiste, come già indicato, nell'ordinare la vita per trovare ciò che la volontà di Dio vuole da ciascuno, contemplando la persona e la vita di Cristo, che chiama a fare una scelta vocazionale nella sua sequela, sia come laico, che come religioso o prete; e, qualora sia già stata fatta, ad approfondirla e migliorarla (1ª e 2ª tappa, ovvero *Settimane*), in modo tale che l'esercitante si disponga ad entrare nel mistero della morte e risurrezione di Cristo (3ª e 4ª tappa), come culmine della sua conformazione a Cristo, che sfocia nella "Contemplazione per raggiungere l'amore", ma un amore che si esprime "più nelle opere che nelle parole" (EE 230), più nel servizio agli altri che in discorsi eloquenti o in bei sentimenti. È ciò che rileva la Prima Lettera di Giovanni: "Non amiamo a parole ma con le opere e la verità" (1Gv 3,18). È proprio così che ama Dio: più con le sue opere che con le parole, con le opere di creazione, di redenzione e santificazione per tutti, e poi con tanti benefici particolari per ciascuno.

D'altra parte, l'antropologia insegna che l'essere umano ha due esigenze fondamentali: una "auto-centrica", per cui ha bisogno di sentirsi amato; l'altra "etero-centrica", per cui ha bisogno di amare, di effondere la ricchezza del proprio cuore a un altro e ad altri. Due esigenze complementari, come si afferma in questa contemplazione: "L'amore consiste nella comunicazione reciproca, cioè nel dare e comunicare l'amante all'amato quello che ha e così, a sua volta, l'amato all'amante". Tale reciprocità viene riassunta nella conosciuta preghiera del Suscipiat: "Prendi, o Signore e ricevi tutta la mia libertà, la mia memoria, il mio intelletto e tutta la mia volontà, tutto ciò che io possiedo; tu me lo hai dato, a te, Signore, lo ridono; tutto è tuo, disponi di tutto secondo ogni tua volontà; dammi il tuo amore e la grazia, che questa mi basta" (EE 234).

Vivere lo scambio reciproco che questa preghiera esprime tra l'amore divino e l'amore umano è essenziale per una vita spirituale autentica in senso cristiano, perché il Dio di Gesù è Amore, ma, come già detto, un amore operativo, in modo tale che, dando i suoi doni, le sue opere, non dà qualcosa come purtroppo accade tante volte nell'amore umano, ma dà se stesso. K. Rahner lo sottolinea con l'espressione "Selbstmitteilung Gottes", che, come è noto, è profondamente motivata dalla spiritualità ignaziana[9].

Il movimento di fondo è, secondo il Loyola, sempre questo: "cercare e trovare Dio in tutte le cose e tutte le cose in Lui"[10], cioè non staccare Dio dalle persone e dagli eventi che ci circondano: Dio nel mondo e il mondo in Dio, questa è la sintesi ignaziana, che ha la sua base nel mistero del Dio incarnato, un Dio che si fa uomo, si fa mondo e si fa storia senza perdere la sua divinità; perché solo il Figlio si fa uomo[11], di conseguenza senza il Dio uno e trino non sarebbe possibile l'incarnazione e pertanto non sarebbe possibile la salvezza[12]. Per cui questo mistero si contempla ampiamente all'inizio della 2ª Settimana, legato inscindibilmente al mistero trinitario: "contemplare come le tre divine Persone osservando tutta la superficie o rotondità di tutto il mondo piena di uomini, e vedendo che tutti scendevano all'inferno, viene stabilito da tutta l'eternità che la seconda Persona si faccia uomo per salvare il genere umano; e così, giunta la pienezza dei tempi, inviano l'angelo san Gabriele a nostra Signora" (EE 102).

Emerge dunque che il "trovare Dio in tutte le cose", cioè in tutto ciò che è ed accade in noi, negli altri, nella Chiesa e nel mondo, ovvero

---

[9] G. SALATIELLO (a cura di), *Karl Rahner. Percorsi di ricerca*, Roma 2012.

[10] Costituzioni della Compagnia di Gesù, n. 288.

[11] Siccome l'ebraismo e l'islam non conoscono un Dio trinitario, non possono accettare l'incarnazione.

[12] K. RAHNER, «Il Dio trino come fondamento originario e trascendente della storia della salvezza», in *Mysterium Salutis*, vol. I, Brescia 1969, 401-502.

questa onnipresenza divina non ha nulla a che vedere con il pantei-smo, con la divinizzazione del mondo. Tutte le cose e tutti gli eventi si sono fatti piuttosto trasparenti, tracce del divino, rivelando il Dio tri-nitario come creatore, redentore e santificatore; e perciò ogni cosa, ogni evento e ogni persona può diventare un segno della presenza di Dio e della sua volontà. Questo a volte non è chiaro a prima vista; ha bisogno di un accurato discernimento[13]. A questo fine giova il "farsi indifferente a tutte le cose create", come dice il "Principio e fonda-mento" (EE 23). Notare bene: "farsi indifferente", non essere indiffe-rente. La differenza è grande. L'indifferente dice: "Per me è lo stesso, che sia una cosa o il contrario; vita lunga o vita breve"; accetta passiva-mente la realtà. Chi si fa indifferente invece deve confrontarsi con la realtà per superare attivamente la sua non-indifferenza per scegliere in accordo con la divina volontà. Il migliore esempio è Gesù di fronte al Padre nell'Orto degli ulivi: "Passi da me questo calice, ma non si fac-cia la mia volontà bensì la tua".

2.3. Volontà di Dio e autonomia dell'uomo

"La divina volontà", è questa un'espressione che dovremmo consi-derare perché costituisce un altro elemento fondamentale della vita spirituale in senso ignaziano. Già è stato detto che il cercare e trovare la volontà di Dio riguardo alla vocazione di ciascuno è il compito cen-trale degli Esercizi (EE 1); poi nella 5ª annotazione si afferma: "Giova molto a chi riceve gli esercizi entrare in essi con grande coraggio e liberalità, perché la sua divina maestà si serva tanto di lui quanto di tutto quello che possiede, secondo la sua santissima volontà". Questo insistere sulla volontà di Dio non si riduce al tempo degli Esercizi, ma coinvolge tutta l'esistenza del cristiano, come mostrano le parole con le quale il santo di Loyola termina tante delle sue lettere: "Che la somma ed eterna Bontà ci voglia dare la sua grazia abbondante perché sentia-mo sempre la sua santissima volontà e perfettamente la compiamo".

Ma possiamo domandare a Ignazio come si conciliano la volontà divina e l'autonomia della persona? In che modo il volere divino può guidare l'uomo senza annullare la sua libertà? Qual è propriamente la natura della volontà di Dio? Essa s'intende tante volte sotto l'aspetto irrazionalistico e fatalistico, proprio di divinità non cristiane, che la

---

[13] S. RENDINA, *La pedagogia degli Esercizi*, Roma 2002, 129 ss.

riduce a una forza arbitraria, capricciosa e inappellabile. Un'applicazione generale dell'espressione "volontà di Dio" per fondare l'autorità, anche religiosa, può condurre a legittimare l'autoritarismo, il fatalismo e un'obbedienza cieca.

Dal punto di vista cristiano, la volontà di Dio, lungi dall'essere un'imposizione autoritaria, è anzitutto un'offerta di grazia che rende possibile l'incontro interpersonale, nel dialogo di due libertà, quella assoluta di Dio e quella limitata dell'uomo. Ma la libertà assoluta di Dio in senso cristiano non è schiacciante, dispotica, bensì paterna e misericordiosa, come vediamo nella parabola del figliol prodigo (Lc 15,11-32). Là c'è un figlio che se ne va da casa: "Dammi la mia proprietà, la mia autonomia. Fuori di casa potrò finalmente realizzarmi, essere libero, e godere la vita". Dopo aver delapidato tutto, si trova con il vuoto, con il vuoto dello stomaco, ma soprattutto con il vuoto del cuore e sente il desiderio di tornare. E il padre, che lo riconosce da lontano, corre incontro al figlio. Qui troviamo due libertà che s'incontrano, si abbracciano: quella infinita di Dio e quella limitata dell'uomo, cioè la volontà di Dio in senso cristiano è essenzialmente volontà d'incontro, di dialogo, di alleanza; il Dio cristiano non impone, semplicemente propone: "Se vuoi essere perfetto [...]", dice Gesù al giovane ricco; volontà liberatrice, la cui misericordia accoglie il peccatore pentito e lo rende libero e sorprendentemente creativo, come mostra la vita dello stesso Ignazio. Cosa sarebbe il cavaliere cortigiano Don Iñigo López de Loyola se non avesse messo in pratica la volontà di Dio, manifestata nella sequela di Cristo? Niente. Cosa sarebbero Simon Pietro e tutti gli altri Apostoli senza la sequela di Cristo? Cosa sarebbe la stessa Maria di Nazareth? Nulla, e così via, fino a quei cristiani canonizzati l'altro ieri.

Senza i santi la vita cristiana si potrebbe vedere facilmente come un'utopia, un bel messaggio, sebbene nella pratica irrealizzabile. Sono questi grandi cristiani e cristiane a testimoniare come il conformarsi a Cristo cercando la volontà divina abbia cambiato profondamente la loro vita, trovando così una nuova identità, con delle conseguenze straordinarie per loro stessi ("Il cento per uno e poi la vita eterna") e nei confronti della fede degli altri e del bene della società.

Gesù è con tutto se stesso rivelazione plenaria della volontà del Padre sia come dono, sia come impegno di vita, perciò nella conformazione a Cristo l'uomo trova la sua identità vocazionale in qualità di laico, prete o consacrato. Gli Esercizi vogliono aiutare proprio in questo, particolarmente nel momento dell'elezione, il loro momento centrale (EE 169-189).

Vediamo dunque come negli Esercizi si trovi un discernimento vocazionale inserito nella storia della salvezza. Si parte dalla volontà salvifica universale di Dio, espressa nel *Principio e fondamento*: "L'uomo è creato per lodare, riverire e servire Dio nostro Signore e mediante questo salvare la sua anima; e le altre cose sulla faccia della terra sono create per l'uomo, e perché lo aiutino nel conseguire il fine per cui è stato creato" (EE 23). Vi è poi, come già evidenziato, una volontà speciale di Dio per ognuno, quindi sulla chiamata universale alla salvezza della 1ª Settimana si sviluppa il progetto particolare – la vocazione – che su ogni essere umano ha Dio (2ª Settimana).

Questo fa sì che la chiamata universale alla salvezza non divenga semplicemente una cosa generica bensì personale, come si esprime nella meditazione del Re eterno all'inizio della 2ª Settimana: "Vedere Cristo nostro Signore, re eterno, e davanti a lui tutto l'universo mondo, che tutti e ciascuno in particolare chiama, dicendo: 'È mia volontà conquistare tutto il mondo e così entrare nella gloria del mio Padre; per tanto, chi vorrà venire con me deve lavorare con me, perché seguendomi nella pena mi segua anche nella gloria'". Questa meditazione inquadra in modo cristocentrico tutto il percorso degli Esercizi: "chi vorrà venire con me deve lavorare con me" (1ª e 2ª Settimana), "perché seguendomi nella pena" (3ª Settimana, passione e morte di croce) "mi segua anche nella Gloria" (4ª Settimana, Resurrezione e Ascensione). "Dopo essere apparso agli apostoli per lo spazio di quaranta giorni, facendo molti ragionamenti e miracoli e parlando del regno di Dio, ordinò loro di aspettare in Gerusalemme lo Spirito Santo promesso" (EE 312,1). Infatti, con l'Ascensione il Cristo prega il Padre di mandare lo Spirito. Lo Spirito viene e così nasce la Chiesa.

Perciò è proprio nelle "regole per il retto sentire nella Chiesa", che negli esercizi appare più esplicita l'azione dello Spirito Santo, ma sempre unita a quella di Cristo: "Perché crediamo che tra Cristo nostro Signore, sposo, e la Chiesa, sua sposa, vi è lo stesso spirito che ci governa e regge per la salvezza delle nostre anime" (EE 365). Allora, lo Spirito agisce comunitariamente, nella Chiesa universale e in ciascuno dei credenti, perciò lo Spirito di Cristo non può dire una cosa alla comunità e il contrario a un credente; gli potrà comunicare qualcosa per migliorare la vita cristiana. Ci potranno essere scontri, tensioni tra il credente e la comunità ecclesiale, come, per esempio, nel caso della riforma di san Francesco, ma non contraddizioni, perché esse dividono e distruggono la fede, portando alla condanna e alle guerre di religione, così contrarie al messaggio di Cristo.

Per superare tali situazioni polarizzanti, che si trovano fin dall'inizio della fede cristiana, come mostrano alcune lettere di Paolo, e anche al tempo del Loyola (basti pensare ai suoi coetanei Lutero e Calvino)[14], gli Esercizi stabiliscono come rapporto fondamentale tanto per chi dà gli esercizi quanto per chi li riceve il seguente *Presupposto*: "ogni buon cristiano dev'essere più pronto a salvare la proposizione del prossimo che a condannarla; e se non può salvarla, cerchi di sapere che cosa voleva dire; e, se si sbaglia, lo corregga con amore; e se non basta, cerchi tutti i mezzi convenienti perché intendendola rettamente, si salvi" (EE 21).

Questo squisito rispetto per l'altro mostra con chiarezza come gli Esercizi portino a una vita cristiana in cui i frutti dello Spirito Santo, cioè, amore, gioia, consolazione, pace, misericordia (EE 237) sono alla base dell'attività apostolica, basata sul dialogo e la fratellanza. Emerge così un itinerario spirituale in forza del quale la volontà di Dio, lungi dall'essere imposta all'uomo, è posta in lui come il sostrato della sua identità; perciò "cercare e trovare la volontà divina nell'organizzazione della propria vita per la salvezza dell'anima" (EE 1), obiettivo centrale degli Esercizi, non è altro che un camminare, o meglio, un esercitarsi nello Spirito Santo, come ben mostra il titolo stesso dell'opera ignaziana "Exercitia Spiritualia", "Ejercicios Espirituales". Il significato di questo titolo non si deve separare dall'artefice e pedagogo di ogni vita spirituale, che è proprio lo Spirito di Cristo, lo Spirito Santo.

3. Conclusioni

Ci si può alla fine domandare se questo modo individuale di rapportarsi con Dio, proprio degli Esercizi, non conduca di fatto ad un individualismo salvifico-spirituale. Gli studenti, che costituivano il piccolo gruppo parigino, sotto la guida d'Ignazio avevano fatto gli esercizi, ciascuno per conto proprio, ma poi avevano deciso di rimanere uni-

---

[14] R. García Mateo, *Ignacio de Loyola. Su espiritualidad y su mundo cultural*, Bilbao 2000, 401 ss.

ti, di condividere la loro esperienza personale della sequela di Cristo, facendo insieme i voti di Montmartre (agosto 1535), in cui promettevano di seguire Gesù in povertà, castità e nel servizio al prossimo, se fosse stato possibile a Gerusalemme, altrimenti si sarebbero messi a disposizione del Papa. Coloro che hanno fatto, ciascuno a suo modo, l'esperienza personale di Cristo diventano, come "amici nel Signore", fratelli di Gesù e fratelli tra loro. Cioè, l'esperienza degli Esercizi porta con sé la dimensione comunitaria ed apostolica del Vangelo. O, come dicono le Costituzioni della Compagnia di Gesù, il suo fine "è non solo attendere, con la gloria di Dio, alla salvezza e alla perfezione dei suoi membri, ma, con questa stessa grazia, procurare con tutte le forze di essere d'aiuto alla salvezza e alla perfezione del prossimo" (n. 3).

Tra discreta lontananza e una sacra intimità
Chi dà modo e ordine nella vita spirituale
di Jaime Emilio González Magaña S.J.

1. Introduzione: abbiamo negli Esercizi Spirituali un tesoro che non possiamo falsificare né perdere

Dopo il Concilio Vaticano II, la pratica degli Esercizi Spirituali fu considerata rigida e, addirittura, dura, si presentava con tanti atti di devozione e poco tempo per la preghiera personale. La persona che accompagnava l'esperienza, di norma chiamato *"direttore",* aveva una grande autorità ma, più che accompagnatore, era solo un *predicatore.* Il ritiro era indirizzato, in primo luogo, ai preti e alle religiose, e le meditazioni e le prediche di solito erano le stesse. Venivano privilegiati i gruppi e, gradualmente, si abbandonò l'accompagnamento personale; ne conseguì che tutti gli anni si ripetevano gli stessi sermoni in forma quasi identica e, visto che la persona non era più considerata come il *"soggetto"* del ritiro, non veniva richiesta nessuna preparazione; in tal modo si assicurava l'originalità e la fattibilità della pratica ignaziana. La principale preoccupazione era la fedeltà al testo ignaziano, tanto che in una settimana circa si cercava di terminare tutto il contenuto del libretto. In sintesi, dunque, si aveva una scarsa considerazione delle problematiche della persona che faceva il ritiro e, considerati i tanti interventi del predicatore, veniva a mancare il tempo per il colloquio personale. Così facendo gli Esercizi si trasformarono in un'attività esclusivamente passiva, in sostanza, solo di ascolto.

Alcune persone cominciarono a porsi la domanda: *"Perché gli Esercizi non mi cambiano?"* e, piano piano, s'impiegavano sempre meno giorni per il ritiro. I sacerdoti, per esempio, ridussero la durata da otto o dieci giorni a solo quattro o cinque; i laici, che non potevano lasciare il loro lavoro, da cinque a tre, e talvolta a due giorni. Diversi consideravano che i giovani mancassero di *soggetto* per vivere l'esperienza, anche se più tardi è stato dimostrato il contrario[1]. Alcuni gesuiti, per atti-

---

[1] Cf. González Magaña, Jaime Emilio. (2002). *"El 'Taller de Conversión' de los Ejercicios.* Volumen II: Los Ejercicios: *una oferta de Ignacio de Loyola para jóvenes,* México: SEUIA-ITESO.

rare l'attenzione sulla pratica ignaziana e forse per reazione a chi pensava che la fedeltà al metodo[2] non fosse fondamentale, cominciarono a prescindere da esso, a volte parzialmente, a volte totalmente, e a offrire giornate di studio teologico, corsi di aggiornamento o approfondimento biblico, incontri di revisione di vita, corsi di analisi della realtà sociale o politica e, ogni tanto, alcuni ritiri con una forte sfumatura di terapie psicologiche o semplicemente di sviluppo umano. Fortunatamente, diversi accompagnatori rimasero fedeli al metodo ignaziano e hanno vissuto l'esperienza in maniera autentica, in silenzio e in ritiro, attraverso la conoscenza e la previa preparazione accurata delle singole persone. Ma questi, pur sostenendo la fedeltà della pratica, senza assolutizzazioni, erano sempre in numero minore e non riuscirono a penetrare nell'ambiente ecclesiale con la serietà che meritava. Davanti a questo contesto, il Padre Arrupe, allora Preposito Generale della Compagnia di Gesù, preoccupato della situazione, fu molto chiaro nella sua richiesta di non abbandonare la pratica ignaziana con tutte le sue esigenze:

> Se quelli che vengono da noi non sono preparati per fare gli Esercizi come si deve, meglio è tentare di prepararli per altri mezzi o procedimenti (conferenze, gruppi di studio, preghiera in comune, corsi, ecc.). Ma non devono chiamarsi Esercizi di Sant'Ignazio altre attività o riunioni spirituali, apostoliche, di studio, ecc., che non compiano con i requisiti richiesti per essi. D'altra parte, l'esperienza mostra anche oggi – e potrei citare moltissimi esempi – che benché sembri a volte che converrebbe 'ammorbidire' o ridurre gli Esercizi, quando sono fatti con ogni serietà gli esercitanti rimangono molto contenti. Non cediamo pertanto, facilmente. Prima al contrario, vediamo piuttosto in quelle difficoltà una chiamata per rinnovare questo apostolato ritornando all'idea di Sant'Ignazio con tutto quello che porta con sé. Abbiamo negli Esercizi un tesoro che non possiamo falsificare né perdere[3].

Sebbene non sia l'argomento centrale di questo lavoro un'analisi della pratica degli Esercizi Spirituali, la citazione del Padre Arrupe mi permette soltanto di ricordare un problema che si presentò spesso all'epoca della XXXII Congregazione Generale della Compagnia di Gesù, il fatto, cioè, che la pratica fosse dominata dai criteri individualistici, un po' intimistici e non sempre secondo i criteri del servizio della fede

---

[2] Cf. CALVERAS, José. (1958. 2ª Ed.). *Ejercicios Espirituales. Directorio y Documentos de S, Ignacio de Loyola.* Barcelona: Balmes, 42

[3] ARRUPE, Pedro, Preposito Generale della Compagnia di Gesù, 14 febbraio, 1972.

e la promozione della giustizia nel discernimento degli spiriti. Era chiaro che mancava una ricerca approfondita degli Esercizi e la loro relazione con la teologia del post-Concilio Vaticano II. La XXXIII Congregazione Generale della Compagnia di Gesù, che ebbe luogo dal 2 settembre al 25 ottobre 1983, riconobbe che c'era una rinnovata presa di coscienza riguardo all'importanza della vita religiosa, manifestata specialmente nel desiderio di dare un impulso decisivo alla pratica degli Esercizi Spirituali e al discernimento apostolico[4]. I padri delegati erano consapevoli di vivere "un momento unico", un "intenso periodo" della storia dei gesuiti. La Congregazione, fedele allo spirito ignaziano, pose l'attenzione sulle "esigenze degli uomini del nostro mondo" e cercò di capirli "così come li capisce Dio"[5]. Per questo, manifestò la necessità di mettere in pratica pienamente la spiritualità ignaziana e, soprattutto, gli Esercizi Spirituali. Riconobbe che essi corrispondono alla pratica di uno degli apostolati tradizionali dei gesuiti e costituiscono un ministero che aiuta a rafforzare la fede che opera la giustizia[6]; ci invitano a contemplare il mondo di oggi per comprendere meglio i bisogni dell'uomo. Gli Esercizi affrontano, quindi, la sfida di adattarsi ai bisogni dei fedeli in modo che, insieme, possiamo capire il mondo "secondo lo stile di Dio" e richiedono un'abnegazione personale, condizione necessaria per il raggiungimento dell'atteggiamento indispensabile per svolgere un adeguato discernimento individuale e comunitario[7].

La XXXIV Congregazione Generale della Compagnia di Gesù, svoltasi dal 5 gennaio al 22 marzo 1995, ha fatto riferimento agli Esercizi Spirituali di Ignazio di Loyola su un duplice piano. A livello del testo, immediato ed esplicito, non fa nessun riferimento alla pratica degli Esercizi come a un ministero dei gesuiti e al modo di metterlo in pratica. Afferma con chiarezza che si tratta di una proposta diretta ai laici per collaborare insieme, nella stessa missione, sotto l'ispirazione della spiritualità ignaziana e in particolare degli Esercizi[8]. Li riconosce come l'ispirazione della famosa espressione "*amici nel Signore*"[9] e quindi

---

[4] CONGREGAZIONE GENERALE XXXIII DELLA COMPAGNIA DI GESÙ, Decreto 1, 10. D'ora in poi CG.

[5] CG., XXXIII, Decreto 1, 34.

[6] CG., XXXIII, Decreto 1, 43, 48.

[7] CG., XXXIII, Decreto 1, 13.

[8] CG., XXXIV, Decreto 13, 7-8.

[9] CG., XXXIV, Decreto 7, 11.

individua un efficace collegamento tra i laici e la missione gesuita[10]. Essi sono, in definitiva, il seme, la fonte e l'origine della vocazione della Compagnia di Gesù[11]. Per quanto riguarda la XXXV Congregazione Generale, che si è svolta dal 7 gennaio al 6 marzo 2008, l'Ordine ha riconosciuto ufficialmente l'importanza del ministero degli Esercizi Spirituali invitando i gesuiti a favorire "una rinnovata e profonda esperienza di riconciliazione con Dio in Cristo"[12]; come pure a "rintracciare le origini della mistica del servizio di Ignazio e dei suoi primi compagni nella loro esperienza degli Esercizi Spirituali"[13]. Infatti, "radunati dagli Esercizi Spirituali, essi giunsero ad avere un unico scopo: essere inviati in missione a immagine del Figlio e così servire il Signore come suoi compagni"[14]; e ancora che "la grazia degli Esercizi è disponibile a una cerchia più ampia e fornisce un linguaggio e una esperienza comunitaria"[15]. Questa esperienza "è il cuore di ogni opera ignaziana"[16], e sta alla base della formazione dei gesuiti e dei loro collaboratori[17]. Nel tentativo di definire il nostro ministero nei tempi odierni, la Compagnia di Gesù torna ad affermare che "per essere contemplativi nell'azione, cercando e incontrando realmente Dio in tutte le cose, è necessario tornare continuamente all'esperienza spirituale degli Esercizi. Consapevoli che sono 'un dono che lo Spirito del Signore ha fatto alla Chiesa intera' dobbiamo, seguendo l'invito del Santo Padre, 'riservare un'attenzione specifica al ministero degli Esercizi Spirituali'"[18]. Sono chiaramente confermati l'impegno e l'importanza di questo ministero[19]. Posto poi l'accento sulla necessità di riscoprire il nostro carisma, i padri delegati riconobbero che "ci sentiamo chiamati non solo a portare aiuto diretto a persone in situazioni di disagio, ma anche a riconoscere la loro piena integrità, reintegrandole nella comunità e riconciliandole con Dio. Spesso questo richiede un impegno a lungo termine, sia esso nell'educazione dei giovani, nell'accompagnamento

---

[10] CG., XXXIV, Decreti 13, 14, 20 e 10.
[11] CG., XXXIV, Decreto 1, 7.
[12] CG., XXXV, Decreto 3, 19.
[13] CG., XXXV, Decreto 4, 2.
[14] CG., XXXV, Decreto 4, 23.
[15] CG., XXXV, Decreto 6, 5.
[16] CG., XXXV, Decreto 6, 9.
[17] CG., XXXV, Decreto 6, 19, 24.
[18] CG., XXXV, Decreto 1, 12.
[19] CG., XXXV, Decreto 1, 15.

spirituale attraverso gli Esercizi, nella ricerca intellettuale..."[20]. Si afferma, inoltre, che "gli Esercizi Spirituali, che sin dall'inizio sono stati
uno strumento prezioso a noi affidato, oggi si rivelano un sostegno di
incalcolabile valore per i nostri contemporanei: ci sono di aiuto a muovere i primi passi e a progredire in una vita di preghiera, a cercare e
trovare Dio in tutte le cose e a discernere la sua volontà, rendendo la
fede più personale e più incarnata"[21]. Infine, nella presentazione delle
nostre sfide, si asserisce che nel nostro "accompagnamento nei ritiri
spirituali dovremmo invitare le persone a rendersi conto della centralità della nostra alleanza con la natura in vista di relazioni di giustizia
con Dio e con gli altri..."[22]. È molto interessante costatare che, quaran-
taquattro anni dopo la citata affermazione del Padre Pedro Arrupe, la
XXXVI Congregazione Generale, tenuta dal 2 ottobre al 12 novembre 2016, ha rilevato lo stesso problema quando dichiara: "l'interrogativo che si pone oggi alla Compagnia è quello di conoscere il motivo
per cui gli *Esercizi* non ci cambino così profondamente come noi au-
spicheremmo. Quali elementi nelle nostre vite, nelle nostre opere o
nei nostri stili di vita ostacolano la capacità di lasciare che la misericordia di Dio ci trasformi? Questa Congregazione è profondamente con-
vinta che Dio chiami tutta la Compagnia ad un profondo rinnovamento spirituale. Ignazio ci ricorda che ogni Gesuita deve fare "in modo di
avere dinanzi agli occhi, finché vivrà, prima d'ogni altra cosa, Iddio"[23].
Riconobbe, inoltre, che gli Esercizi Spirituali rappresentano le fondamenta della nostra consacrazione al Signore, Dio Nostro e alla Chiesa,
il senso ultimo della missione apostolica e, ci spinge ancora a *non falsi-
ficare ne perdere il tesoro che abbiamo negli Esercizi* con questa decisiva
proclamazione: "così, tutti i mezzi che ci uniscono direttamente a Dio
dovrebbero essere valorizzati e praticati più che mai: gli *Esercizi spirituali*, la preghiera quotidiana, l'Eucarestia e il sacramento della riconciliazione, la direzione spirituale e l'esame[24]. Noi abbiamo bisogno di
appropriarci sempre di più del dono degli *Esercizi* che condividiamo
con tante persone, in particolare con la famiglia ignaziana[25], e delle

[20] CG., XXXV, Decreto 2, 13.
[21] CG., XXXV, Decreto 3, 21.
[22] CG., XXXV, Decreto 3, 36.
[23] CG., XXXVI, Decreto 1, 18; Cf. Formula dell'Istituto (1550), 1.
[24] Costituzioni, 813.
[25] CG., XXXV, Decreto 5, 29.

Costituzioni che animano la nostra Compagnia. In un mondo che sta perdendo il senso di Dio, noi dovremmo cercare di essere più profondamente uniti a Cristo nei misteri della sua vita. Mediante gli *Esercizi* noi acquisiamo lo stile di Gesù, i suoi sentimenti, le sue scelte"[26].

2. Scopo dello studio: capire l'importanza di chi dà modo e ordine nella vita spirituale

Dopo aver analizzato la pratica degli Esercizi Spirituali negli ultimi anni, ho potuto constatare che una delle cause dell'irrigidimento del metodo ignaziano è stata la mancata formazione della persona che accompagna la pratica del ritiro. Con una certa buona volontà, ma con la falsa supposizione che la fedeltà consista nell'osservanza cieca del testo del libro, ci si è dimenticati del fatto che Ignazio di Loyola non volesse scrivere un direttorio sul modo di dare il ritiro. Una delle cose fondamentali che sono state trascurate è quella della capacità di adattamento e dell'importanza delle annotazioni. Chi che dà modo e ordine, dopo aver fatto gli Esercizi, deve conoscere e aver assimilato perfettamente il metodo, in modo tale che sia in grado di accompagnare le persone e, secondo i loro bisogni, di fare gli adattamenti necessari. È essenziale che capisca che non deve essere un predicatore, né può approfittare del ritiro per un corso di teologia, filosofia o per dirigere una terapia psicologica[27]. Questi aspetti, infatti, non costituiscono in modo assoluto l'originalità del testo ignaziano, ma deve essere evidenziata la libertà che esso ci offre per guidare le persone nelle loro situazioni, nelle loro sofferenze e gioie, ecc.. Inoltre, un altro elemento importante è l'adattamento allo stato attuale della persona che fa il ritiro e l'integrazione della pratica nella realtà. Ignazio non ha sviluppato tutti gli elementi che si devono seguire e pregare nel ritiro; nemmeno ci ha dato tutti "i punti di meditazione" che si devono offri-

---

[26] CG., XXXVI, Decreto 1, 18. Cf. Discorso del Santo Padre Francesco ai Delegati della Congregazione Generale il 24 ottobre 2016, 1, 2; Omelia del P. Arturo Sosa Abascal, S. I., Preposito Generale, nella Messa di Clausura della Congregazione Generale 36, Chiesa di Sant'Ignazio a Roma, 12 novembre 2016; Omelia del P. James E. Grummer, S.I., nella Messa dello Spirito Santo, Chiesa di Santo Spirito in Sassia, Roma, 14 ottobre 2016.

[27] Cf. RAHNER, KARL. (1979). *Palabras de Ignacio de Loyola a un jesuita de hoy.* Santander: Sal Terrae, 6.

re obbligatoriamente[28]. Tutto è offerto in forma sommaria perché la persona che accompagna possa svilupparli, o no, d'accordo sempre con la persona che ha chiesto l'aiuto e tutto questo si configura, secondo la pratica di Ignazio, come *chi dà modo e ordine*[29]. Di seguito, ricorderemo solo alcuni punti.

Convinto che gli Esercizi Spirituali fossero le fondamenta del ministero della Compagnia di Gesù e una solida base per la crescita dell'Ordine, dopo il 1539, il lavoro di Ignazio si focalizzò sulla formazione dei direttori. La sua attenzione era, di fatto, rivolta al lavoro dei moltiplicatori del carisma dei primi compagni gesuiti. Ignazio trovò negli Esercizi Spirituali un tesoro incalcolabile, un magnifico ed efficace strumento per trasmettere la sua esperienza di vita, i suoi inutili sforzi per raggiungere la fama e il prestigio, il potere e il modo in cui Dio lo aveva toccato quando egli lo aveva cercato sinceramente. Questo era ciò che lui comunicava a coloro che si erano messi nelle sue mani e la sua missione era, precisamente, favorire l'esperienza immediata di Dio[30]. Gli Esercizi erano radicati nella sua anima e trasmetteva un grande entusiasmo per il servizio di Dio e un desiderio sconfinato di un'autentica conversione al Signore e ai fratelli[31]. Ignazio trovava la forza negli Esercizi per comunicare la possibilità della conversione in un mondo desideroso della vera pace e dell'autentica luce, in mezzo a sospetti, a rancori e con una chiesa divisa al centro di una severa confusione teologica, liturgica e spirituale. Se ebbe successo come accompagnatore degli Esercizi fu semplicemente perché parlava con la verità e ispirava fiducia, poiché era coerente con quello che diceva. Tutti i gesuiti che erano stati formati personalmente da Ignazio in questo ministero erano d'accordo sul fatto che un buon direttore fosse la chiave

---

[28] Cf. IGLESIAS, Ignacio. (1989). "Dar 'a otro modo y orden' (Ex. 2)". *Manresa* Vol. 61, 355-366.

[29] Cf. IPARRAGUIRRE, Ignacio. (1946). *Práctica de los Ejercicios Espirituales de San Ignacio de Loyola en Vida de su Autor (1522-1556),* Bilbao-Roma: Biblioteca Instituti Historici S.I. Vol. III. El Mensajero del Corazón de Jesús. Institutum Historicum Societatis Iesu, 149-151.

[30] Cf. RAHNER, KARL. (1979). *Palabras de Ignacio de Loyola a un jesuita de hoy...,* Opus cit., 4.

[31] GONÇALVES DA CÂMARA, L. (1943). *Memoriale,* 226. Monumenta Ignatiana, Series Quarta, *Scripta de S. Ignatio,* Tomus I, *Fontes Narrativi de S. Ignatio de Loyola et de Societatis Iesu initiis,* Vol. I, Narrationes. Scriptae ante annum 1557, Vol., 66, Romae: Monumenta Historica Societatis Iesu., *Memoriale,* I, p. 659. D'ora in poi FN, I.

per comunicare il vero metodo degli Esercizi. Così ha affermato Eduardo Pereyra, discepolo di Francisco de Villanueva, uno dei gesuiti della prima generazione e a sua volta discepolo di Ignazio di Loyola e Pietro Fabro[32]. Daniello Bartoli lo conferma quando sostiene che il direttore è cruciale se si vuole favorire una vera conversione e che deve essere molto competente; ne consegue così che non tutti possono svolgere questo ministero giacché gli Esercizi sono un medicinale per le anime malate, tra le quali c'è molta differenza e la medesima cura non può essere di beneficio per tutti[33]. Da parte sua, Gil González ha dichiarato che la poca efficacia degli Esercizi che si davano allora era dovuta all'inesperienza del direttore e alla sua mancanza di destrezza[34].

Jerónimo Nadal, gesuita della prima generazione, il quale ebbe un ruolo fondamentale nel processo di definizione della spiritualità ignaziana, conoscitore in modo approfondito della mente di Ignazio e del suo modo di procedere, diceva che i superiori dovevano preparare bene i gesuiti che dimostravano di avere le qualità necessarie per dare gli Esercizi, poiché questo era uno dei principali ministeri della Compagnia di Gesù[35]. Secondo Antonio Cordeses, il direttore doveva essere una persona veramente unita a Dio e avere la qualità del discernimento degli spiriti, per se stesso e per gli altri, e una grande esperienza nell'accompagnare le anime[36]. Riconosceva che il direttore era un semplice strumento del vero direttore, che è Dio e per questo doveva essere un uomo di preghiera profonda, di grande mortificazione ed essere disposto a mantenere un chiaro spirito di abnegazione e sacrificio[37].

[32] BIBLIOTECA NAZIONALE DI ROMA. Fondo Gesuitico 742, f. 2r. Citato da IPARRAGUIRRE, Ignacio. (1955). Historia de *los Ejercicios de San Ignacio. Vol. II. Desde la muerte de San Ignacio hasta la promulgación del Directorio Oficial (1556-1599)*. Bilbao-Roma: Biblioteca Instituti Historici S.I.I. El Mensajero del Corazón de Jesús. Institutum Historicum Societatis Iesu, 374.

[33] BARTOLI, Daniello. (1659). *Della vita e dell'Istituto di S. Ignazio Fondatore della Compagnia di Gesù*. Roma.

[34] MONUMENTA HISTORICA SOCIETATIS IESU. (1919). *Monumenta Ignatiana, Exercitia Spiritualia Sancti Ignatii de Loyola et eorum Directoria*, Ex Autographis vel ex Antiquioribus Exemplis Collecta, Series Secunda, Vol. 57, Matriti: Typis Successorum Rivadeneyrae, 904. D'ora in poi MHSI. MI. *Exerc.*

[35] MHSI. (1905). *Epistolae P. Hieronymi Nadal ab anno 1546-1577*, Tomus Quartus, Selecta Natalis Monumenta in Ejus Epistolis Conmemorata, Vol, 27, Matriti: Typis Gabrielis López del Horno, 366, 388, 404. D'ora in poi MHSI. EN.

[36] MHSI. MI. *Exerc.*, 949.

[37] MHSI. MI. *Exerc.*, 907.

Giovanni Battista Ceccotti sottolineava che un direttore non si deve fidare delle sue doti naturali ma chiedere continuamente la grazia dello Spirito Santo tramite una continua vita di preghiera e una comunicazione intima con Dio, poiché solo così sarà in grado di aiutare meglio le persone[38]. Juan Alfonso de Polanco, segretario dei primi tre Padri Generali della Compagnia di Gesù, chiedeva al direttore di orare sempre diligentemente per le persone accompagnate, in particolare nei suoi sacrifici, con la certezza che lo Spirito di Dio avrebbe dato la luce e la forza per compiere bene la propria missione[39]. Aggiungeva che non erano sufficienti il talento, la scienza e la discrezione ma era più importante che il direttore avesse una vera dedizione e una passione provata per questo ministero[40]. L'oratoria, secondo Polanco è importante sì, ma non è decisiva, dal momento che le persone traggono maggior profitto dalla testimonianza del direttore che dalle sue qualità e dalla sua conoscenza intellettuale; l'arte della parola è buona, ma lo è di più il lavoro di persuasione dell'azione di Dio. D'accordo con Carlo Rosignoli, le persone che vengono da noi non cercano dei saggi che garantiscano loro di conoscere tutto, bensì che siano in grado di aiutarle a comprendere i segreti della scienza di Dio. La parola di Dio, trasmessa da un uomo santo, lascia un'impronta indelebile ed è più forte di una parola "elegante" comunicata da una persona che l'ha imparata a memoria ma che non la sente come propria[41].

3. Abbiamo bisogno di una persona che ci dia modo e ordine negli Esercizi o nella Direzione Spirituale nei nostri giorni?

Mi sembra davvero importante sottolineare che per evitare l'autoinganno e come espressione di umiltà per favorire le mediazioni ecclesiali, abbiamo bisogno di una persona che possa accompagnare il nostro cammino verso il Signore per trovare la Sua volontà e fare tutto solamente per la Sua maggiore gloria. In qualsiasi attività, ma specialmente negli Esercizi Spirituali, nell'iniziazione alla vita di preghiera,

---

[38] MHSI MHSI. EN, 571.

[39] MHSI. MI. *Exerc.,* 803.

[40] MHSI. MI. *Exerc.,* 803 n. 27.

[41] ROSIGNOLI, Carlo Gregorio. (1835). *Notizie memorabili degli Esercizi spirituali.* Roma, 195-196.

nella pratica dell'esame quotidiano come parte del discernimento spirituale, o mediante un colloquio continuato dentro la direzione spirituale, non possiamo dimenticare la missione della persona che dà modo e ordine secondo il metodo autenticamente ignaziano. Sono completamente d'accordo con l'affermazione di Arana quando dice che:

> Oggi come oggi è impensabile una pastorale senza guida personale. In primo luogo perché l'uomo postmoderno è un *homo psicologicus*, cioè un soggetto centrato sul suo mondo interiore e un ricercatore instancabile delle più svariate forme di gratificazione affettiva. Spesso subisce il sistema in cui vive e opera in un modo piuttosto rassegnato. È restìo alle grandi dichiarazioni e tende a investire molto tempo e molte energie nel divertimento, anche se futile e passeggero, afferrandolo in tutti i modi. Pertanto l'offerta che noi gli facciamo, se non ha un tempo di personalizzazione che tocca il mondo dei suoi veri interessi, quanto prima svanirà nel nulla. L'uomo del nostro tempo si dimena molto anche per l'emergere dall'anonimato in cui lo ha portato una struttura familiare di basso profilo e il richiamo ingannevole dei sistemi politici ed economici, che lo cercano soltanto come oggetto di consumo o di consenso. Molti uomini e donne arrivano all'età adulta dopo aver subìto nella fase più rilevante della formazione della loro personalità un nutrimento affettivo e valoriale scarso o inadeguato. Ciò li rende deboli di fronte alle difficoltà e prolunga di molto la loro crisi adolescenziale, sempre alla ricerca disperata di briciole di riconoscimento, poiché sono pieni di incertezze riguardo alla loro identità. Una pastorale che non tenga conto di questo bisogno di riscoprire se stesso non sarà significativa e non aiuterà le persone a scoprire la loro dignità, tanto minacciata. Una scoperta che non dovrebbe finire nell'autocompiacimento ma nella capacità di rendersi disponibili a Dio a agli uomini. In molti ambienti fortemente secolarizzati la fede ha perso una plausibilità sociale direttamente percepita. In una società pluralista, il Vangelo preso sul serio, non emargina socialmente il credente, ma molte volte lo colloca di fronte ad atteggiamenti alternativi piuttosto inconsueti. Questa professione di fede palesata socialmente in comportamenti non assunti dalla maggioranza difficilmente resterà salda, se non ha il sostegno sia di una comunità viva, sia di un aiuto personale[42].

A mio avviso, tutte le affermazioni del paragrafo precedente sono corrette ma, purtroppo, è quasi normale sentire tanti uomini e donne esprimere la difficoltà nel trovare vere guide e persone spirituali che li

---

[42] ARANA BEORLEGUI, Germán. (Luglio 2007). *La cura personalis nel ministero sacerdotale*. Diocesi di Roma: Formazione permanente, 2-3.

possano accompagnare. In tal senso, Pascucci opina che ciò obbedisce a una doppia ragione:

> Oggi per i preti e religiosi impegnati nel ministero pastorale fra la gente, si presenta un duplice rischio: a). Anzitutto c'è il rischio di vivere nella frammentazione, dispersi cioè nelle mille richieste del ministero, non tutte dello stesso valore, ma tutte ugualmente necessarie. Gli impegni della nostra giornata sono così vari tra loro che non è sempre possibile unificarli attorno ad un valore che li giustifichi e, almeno, li tenga insieme. Il risultato di questa frammentazione è una specie di alienazione che ci lascia insoddisfatti. b). Il secondo rischio, legato in qualche modo al primo, è quello del funzionalismo, che ci porta a fare tutto e a farlo anche bene, ma come un ruolo che svolgiamo senza riuscire a metterci quella convinzione del cuore che trasforma il ministero in una sorgente di vita [...]. Non possiamo nasconderci che molti che non vengono più da noi vanno alla ricerca di altri guru, maestri di sapienza di altre religioni, oppure affollano le stanze degli psicologi: nulla da ridire! Però noi sappiamo che la risposta vera sta nella via del Vangelo e della Chiesa. Offrire questo magistero spirituale è un impegno urgente anche per arginare una deriva che attira sempre più fortemente. Il cristianesimo non offre meno delle religioni orientali! Il mondo culturale post-moderno in cui impera il pensiero debole, e che si dichiara incapace di trovare la verità, la ricerca, paradossalmente, ancora più ansiosamente. Ma se noi non abbiamo una parola per esso, non potrà che cercarla altrove[43].

È interessante renderci conto che ci sono stati alcuni ostacoli nella pratica dell'accompagnamento spirituale. Uno di essi è quello della denominazione della persona che accompagna, che è descritta con espressioni molto diverse tra di loro. Risulta interessante mettere in evidenza che Ignazio di Loyola non usava il termine *"direttore spirituale"*, ma parlava di *"chi dà modo e ordine"*. Nella pratica odierna è di uso comune utilizzare termini come *"direttore spirituale"*, *"guida spirituale"*, *"maestro spirituale"*, *"fratello spirituale"*, *"amico spirituale"*, *"accompagnatore spirituale"*, *"consigliere spirituale"* e, talvolta, *"fratello maggiore"*[44]. Alcuni di essi sono stati contestati dopo il Concilio Vaticano II, poichè – dicevano – si correva il rischio di attentare alla libertà personale e, a volte, si favoriva un certo tipo di manipolazione da

---

[43] PASCUCCI, Luciano. (Dicembre 2006). *La direzione spirituale nella vita e nel ministero del prete*. Diocesi di Roma: Formazione permanente, 2-3.

[44] FRATTALLONE, Raimondo. (2006). *Direzione Spirituale – Un cammino verso la pienezza della vita in Cristo*. Roma: LAS, 256-258.

parte della persona che accompagnava. Il termine "direttore", per molti, può sembrare infelice perché, infatti, dà l'idea che sia qualcun altro a spingere in una "direzione" preordinata, mentre è da comprendere come sia lo Spirito Santo a dirigere, intendendo la funzione del direttore come una semplice mediazione. I due termini, *direttore-diretto*, indicano anche grammaticalmente una relazione in cui l'uno è attivo e l'altro passivo, con la relativa possibilità di distorsione nell'intendere la direzione nella linea dell'autorità e dell'obbedienza[45]. Per quanto riguarda l'interpretazione delle denominazioni *"paternità spirituale", "padre spirituale" o "figlio spirituale",* comportano elementi sia positivi, sia negativi.

Alcuni considerano le implicazioni positive perché si tratta di una relazione di aiuto intesa come un rapporto pedagogico, e, inoltre, si evidenzia un elemento affettivo e di donazione. Quando si mettono in rilievo gli aspetti negativi, si dice che il padre nella relazione naturale ha una vera autorità ma questa non entra in gioco quando si tratta di una paternità spirituale. L'accompagnatore spirituale è rivestito soltanto dell'autorità di Dio e della Chiesa[46]. Per quanto riguarda le altre denominazioni, ovvero di *"accompagnatore spirituale", "guida spirituale", "consigliere spirituale",* possiamo affermare che tale terminologia è stata largamente utilizzata negli ultimi anni poichè esprime un rapporto empatico, di vicinanza, di rispetto e di accettazione incondizionata. Da un punto di vista positivo, si è compreso che tende a restituire il giusto ruolo di protagonista a colui che chiede l'ausilio perché si rileva la dimensione dinamica della vita spirituale, il suo significato di itinerario progressivo mai finito sia per la "guida", sia per la persona "guidata", poiché entrambi sono chiamati a mettersi in cammino. Invece, il termine "consigliere" mette in risalto soprattutto il carattere non autoritario della guida, richiamando direttamente lo strumento privilegiato adottato nel rapporto, che è il consiglio[47]. Indipendentemente da come sia chiamata la persona che accompagna, chi dà modo e ordine evoca la presenza, o per meglio dire il coinvolgimento di altri due

---

[45] Cf. UKA, Anton. (2013). *Gli attori fondamentali della direzione spirituale.* Tesi di Licenza in Teologia con specializzazione in Spiritualità. Roma: Pontificia Università Gregoriana, 127-128.

[46] MHSI. MI. *Exerc.,* 1116.

[47] Cf. UKA, Anton. (2013). *Gli attori fondamentali della direzione spirituale...,* Opus cit., 128-129.

attori, radicalmente costitutivi della direzione spirituale, cioè lo Spirito Santo e la persona che cerca la volontà di Dio.

Altre situazioni problematiche nel vissuto dell'accompagnamento corrispondono alle attuali sottolineature della vita umana e culturale, operate dalla religiosità e dalla teologia contemporanea. Secondo Pascucci, riguardo a questo argomento, dobbiamo prendere in considerazione i seguenti aspetti:

> Le difficoltà teoriche sono: l'emergere del fenomeno della socializzazione e dello spirito comunitario che ha indebolito inevitabilmente l'impegno personale; lo sviluppo della psicologia in un contesto secolarizzato che ha fatto passare in secondo piano la dinamica della grazia; lo sviluppo della teologia e della prassi conciliare che hanno messo in evidenza aspetti ambivalenti quali: il valore della libertà individuale e dell'essere adulti, che esclude ogni possibile infantilismo, ogni dirigismo e autoritarismo; la dinamicità della vita spirituale (=Spirito) che non si lascia determinare o bloccare dalle prescrizioni della legge o delle formule; l'impegno storico che sembra preminente rispetto alla ricerca di una perfezione individuale e spirituale. Le difficoltà pratiche sono: oggi si sente affermare che non ci sono direttori spirituali capaci e disponibili per questo compito. Un'affermazione che non rende tutta la verità: infatti è positivo che ci sia molta richiesta; ed è anche positivo il rifiuto se viene dalla coscienza della difficoltà del compito. Non sarebbe invece sempre positivo che la direzione spirituale venisse richiesta perché considerata una possibilità di fuga dalla propria responsabilità nel prendere le decisioni; oppure quando nella ricerca del direttore spirituale si cercasse in realtà lo psicologo, il maestro di dottrina, il moralista che scioglie il caso, il canonista che interpreta la legge e dà la decisione finale bell'e fatta ecc. Nella crisi della direzione spirituale non è assente la disaffezione nei suoi confronti da parte di molti sacerdoti, i quali – ovviamente – non la potranno promuovere presso altri. Dei pochi che accettano di fare questo servizio spesso si sente dire: "Non ha tempo!". Se ciò è vero (e spesso lo è), perché non cercare la direzione spirituale presso altre persone d'esperienza e preparate, che non siano necessariamente dei preti? La direzione spirituale, infatti, non è un compito riservato solo ai presbiteri[48].

---

[48] PASCUCCI, Luciano. (Dicembre 2006). *La direzione spirituale nella vita e nel ministero del prete...*, Opus cit. 11-12.

4. Le qualità della persona che dà modo e ordine nella vita spirituale

4.1. Come abbiamo rilevato, chi accompagna un'altra persona nella sua esperienza di crescita umana e spirituale e molto di più nella ricerca della volontà di Dio rispetto alla propria vita, deve raggiungere un primo insieme di qualità essenziali, pertanto deve essere innanzitutto:

4.1.1. Un uomo (o una donna) con la consapevolezza che tutta la sua autorità viene solo da Dio e si svolge al servizio della Chiesa e nella Chiesa[49].

4.1.2. Se si tratta di accompagnare l'esperienza degli Esercizi, deve, inoltre, avere una pratica della vita spirituale; non diciamo *la pratica* perché Ignazio esplicitamente suppone il caso concreto della persona che vive l'esperienza esattamente e in ritiro, cioè gli Esercizi completi di trenta giorni, senza aver fatto l'elezione dello stato di vita.

4.1.3. Dovrebbe essere un conoscitore del metodo, in accordo con le annotazioni 18ª, 19ª e 20ª del libro degli Esercizi, che indicano tutti i tipi di adattamento che si possono fare nelle diverse circostanze della persona. Il metodo chiarisce anche il senso e il fine delle quattro settimane di preghiera, ma lascia sempre il direttore come guida e arbitro del modo in cui, secondo i vari casi, dovrebbe realizzarli.

4.1.4. L'accompagnatore deve essere una persona con una sana dottrina e una teologia che sia in grado di riconoscere la centralità di Dio, la realtà dell'uomo come creatura, l'importanza dell'indifferenza come espressione di una piena libertà, l'esistenza del peccato come una realtà contro la grazia divina, l'importanza dell'Incarnazione di Gesù, il Figlio Unico di Dio e il vero sentimento che dobbiamo avere con, nella e per la Chiesa. Deve essere anche in grado di collegare questa teologia con la realtà d'ingiustizia e sofferenza del nostro mondo.

---

[49] MHSI. EM, 666, 668.

4.1.5. È necessario che sia una persona con un'esperienza spirituale profonda, la quale sia in grado di essere vicina nel processo dell'itinerario dell'uomo verso Dio.

4.1.6. Una persona chiamata a sviluppare la prudenza, come la manifestazione della sua capacità di esprimere un giudizio pratico e accertato sui propri bisogni e sulle disposizioni della persona accompagnata.

4.1.7. Allo stesso tempo, una persona in grado di approfondire la capacità di espressione della sua competenza per discernere gli spiriti alla luce della volontà che Dio comunica sia a chi accompagna sia a chi è accompagnato[50].

4.2. Per quanto riguarda le caratteristiche proprie di un autentico accompagnatore, padre, direttore, guida spirituale o chi dà modo e ordine, si può elencare un secondo insieme di qualità che sono state considerate basilari per la persona coinvolta nella missione della direzione spirituale e del discernimento. Sono le seguenti[51]:

4.2.1. Una persona innamorata di Gesù Cristo, che cerca l'intimità con Lui, con Cristo al centro dei suoi desideri che orienta tutta la passione del suo cuore. L'oggetto dell'innamoramento è il Buon Pastore che dà la vita per le pecore, che è venuto per servire e non per essere servito e riverito, che si rende prossimo ai più piccoli e ai disgraziati, mite e umile di cuore, che supporta ed accompagna ogni debolezza offrendo sempre la luce radiosa di una speranza che non delude.

---

[50] Cf. Iparraguirre, Ignacio. (1972). *Tipi diversi di corsi e di Esercizi*. In: *Gli Esercizi Ignaziani per il cristiano di oggi. IV Corso Internazionale per Direttori*. Roma: CIS, 5. Cf. anche Schlicker, José. (1930). "El Director de Ejercicios", en: *Manresa* N° 6, 238-242.

[51] González Magaña, Jaime Emilio. (2016). Appunti del Corso ARP202 *La Direzione Spirituale*. Roma: Pontificia Università Gregoriana, Roma. Cf. Díaz Baizan, Jesús. (1989). "'El que da ejercicios a otro': experiencia y actitudes según las anotaciones". *Manresa* Vol. 61, 303-323; Costa, Maurizio. (2009). *Direzione Spirituale e Discernimento*. Roma: Edizioni ADP, 236-240; Cf. Goya, Benito. (2004). *Luce e guida nel cammino*. Manuale di Direzione Spirituale, Bologna: EDB, 77-94; Arana Beorlegui, Germán. (Luglio 2007). *La cura personalis nel ministero sacerdotale...*, Opus cit., 13-14.

4.2.2. Il suo ministero deve essere sempre svolto in conso-
nanza con la Parola di Dio contenuta, soprattutto, nella Sacra Scrittura, assiduamente letta, contemplata e
approfondita, come fondamento per i suoi passi e fine
del suo insegnamento.

4.2.3. Una persona fedele al Magistero della Chiesa capace di
renderlo attraente e comprensibile per tutti. Che abbia
l'arte di unire nella fede, speranza e carità gli uomini
tra di loro, con il Papa, con i vescovi e con i superiori
religiosi e che obbedisca alla loro autorità. Attenta, dunque, a non comunicare soggettivamente i propri giudi-
zi o le proprie opinioni come se fossero la verità.

4.2.4. Chi accompagna deve vivere l'Eucaristia come centro
della propria vita, perché, in essa, la sua azione *in Persona Christi* raggiunge la sua più grande e misteriosa
attualità. Qui si realizza la sua vocazione con Cristo di
mediazione e di oblazione per la salvezza di tutti, anche della propria.

4.2.5. Per quanto riguarda la missione particolare, deve com-
pierla per obbedire a Dio e non per gratificazione personale e, quindi, deve essere riluttante piuttosto che
eccessivamente desideroso di assumersi questa responsabilità consapevole che, talvolta, dovrà viverla come
una croce sopportata e accettata per amore e non soltanto per obbligo.

4.2.6. Una persona accogliente e misericordiosa che tira fuori il meglio da ciascuno con enorme pazienza, che esce
continuamente in cerca degli smarriti di cuore e che
possiede l'arte e il merito di radunare, di costruire una
famiglia o una comunità, di riconciliare e di creare le-
gami di amore vicendevole.

4.2.7. Per quanto sia importante il consiglio, molto di più lo è
la sua preghiera d'intercessione. Prega costantemente
per le persone accompagnate, s'identifica con loro, considera le loro gioie e i loro dolori come suoi, prende sulle spalle il peso della loro colpa, della loro ansietà o dei

loro dubbi. Di fatto nessuno può essere un buon padre spirituale se non prega insistentemente per gli altri.

4.2.8. Così come Mosè, il vero padre spirituale non sa dove Dio vuole portarlo, giacché il suo compito è di discernimento e annuncio della volontà di Dio nei confronti della persona che si fida di lui (lei).

4.2.9. Più che un'autorità che esercita il potere, è un semplice strumento che aiuta a scoprire la strada verso il Signore.

4.2.10. Consapevole della missione ricevuta, chi accompagna deve saper essere – all'occorrenza – anche duro, fermo e chiaro e non transigere su certi punti fondamentali per paura di perdere un certo grado di popolarità o accettazione.

4.2.11. Dato che l'accompagnatore ha ricevuto una missione dalla Chiesa, non deve parlare mai a nome personale perché chi dà sempre ragione, non ama veramente; davanti a Dio intercede per le persone che accompagna, ma davanti ad esse sa essere fermo.

4.2.12. È tenuto a manifestare i segni del vero profeta, cioè le cose che dice si realizzano e accadono sul serio perché sa interpretare i segni dei tempi.

4.2.13. Come Giovanni Battista, assume la sfida di essere consapevole del fatto che Cristo deve crescere e lui (lei) diminuire sempre.

4.2.14. È molto importante capire che è chiamato a vivere un processo continuo di maturazione umana, spirituale e teologica, e ad accettare la sfida di imparare *a imparare* nella vita, cioè, a non lasciare mai la formazione permanente. Inoltre, deve avere una buona condotta ed essere un saggio testimone alla luce della sua esperienza della verità divina.

4.2.15. Come parte del processo personale di crescita umana, spirituale e teologica, il direttore o padre spirituale deve essere attento a non cadere nella trappola dell'assolutizzazione di un'ideologia, di un autore, di una corren-

te teologica, politica o sociologica, di una scuola psicologica, ecc.

4.2.16. L'accompagnamento è un ministero ecclesiale. La persona che lo assume, dunque, lo deve svolgere gratuitamente, senza alcun interesse particolare.

4.2.17. Sempre sotto la guida dello Spirito Santo, ha la missione di aiutare le persone che lo hanno chiesto a cercare
sinceramente la volontà di Dio riguardo alla loro vita,
o rispetto alle decisioni personali e a non favorire qualsiasi altro fine che potrebbe scaturire dallo spirito cattivo, addirittura sotto parvenza di bene.

4.2.18. È chiamato a educare le persone alla verità e alla formazione della loro coscienza morale; a trasmettere la
parola della fede, non mutilata, non falsificata, non di-
minuita, ma completa e integrale, in tutto il suo rigore
e in tutto il suo vigore.

4.2.19. Come maestro del discernimento spirituale, deve essere
in grado di educare a cercare, trovare e fare sempre la
Verità di Dio, in conformità ai criteri di Cristo e di de-
nunciare ogni tipo di schiavitù dalla propria sensibilità,
dai suoi criteri personali o dalle proprie impressioni.

4.2.20. Il padre spirituale è l'uomo della pace interiore che,
insieme al dono del discernimento, possiede il dono
della guarigione spirituale fornita non solo attraverso
parole di consiglio, ma anche tramite il silenzio, la meditazione e l'adorazione eucaristica.

5. La missione e i compiti della persona che dà modo e ordine nella vita spirituale

5.1. L'accompagnatore è un semplice strumento

L'esperienza di Sant'Ignazio di Loyola ci insegna che la cosa più
importante per la persona che dà modo e ordine nella vita spirituale è
aiutare gli altri nella propria esperienza a cercare, trovare e fare la volontà di Dio. Non è l'attore fondamentale di questa ricerca ma, solamente, uno strumento che facilita la strada perché altri possano avere

un'esperienza immediata di Dio. Ignazio a Montserrat, grazie all'aiuto ricevuto dall'Abate Jean Chanones, ha imparato che l'aspetto decisivo è quello di non ostacolare l'azione divina, convinto come era "che Dio possa e voglia trattare di modo diretto con la sua creatura; che l'essere umano può sperimentare come tale cosa succede; che può captare il sovrano proposito della libertà di Dio sulla sua vita, il quale non è ormai qualcosa che possa calcolarsi, mediante un opportuno e strutturato raziocinio, come un'esigenza della razionalità umana, né filosofica, né teologica, né esistenzialmente"[52]. La missione della persona che accompagna è di agevolare il cammino perché un'altra possa cercare, trovare e fare la volontà di Dio ed essere in grado sia di ordinare la vita, sia di prepararsi per la scelta giusta dello stato di vita o, in certi casi, per superare alcuni momenti di incertezza o crisi personale. Un compito importante consiste nel disporre tutto affinché la persona possa usare gli strumenti adeguati per approfondire la vita di preghiera, imparare un metodo di contemplazione, essere in grado di discernere gli spiriti o di superare i momenti di difficoltà che si presentano nella crescita spirituale. Altro compito decisivo è quello di identificare e togliere le affezioni disordinate, riconoscere e chiamare il peccato per nome e, a volte, aiutare a superare alcuni problemi collegati con la maturità umana o affettiva e, addirittura, le crisi nei rapporti personali o comunitari, o qualche situazione di crescita nella vita apostolica. La funzione del direttore spirituale è eminentemente pedagogica perché "fornisce gli strumenti adatti alla crescita del singolo partendo dal suo momento di crescita e dalle sue capacità. Questi strumenti vengono ordinatamente proposti tramite esercitazioni concrete, verificate poi con strumenti di discernimento che permettano di individuare l'azione di Dio e del nemico. Dalla farmacia spirituale del Vangelo e della tradizione della Chiesa, il sacerdote ricava medicinali di effetto sicuro. Però la medicina va somministrata gradualmente a seconda della capacità di assimilazione del singolo e ben adattata al suo momento di crescita. Così viene aiutato a camminare con una certa scioltezza, cioè con un ritmo deciso, ma non troppo spossante verso le cime della santità"[53].

---

[52] RAHNER, KARL. (1979). *Palabras de Ignacio de Loyola a un jesuita de hoy...*, Opus cit., 6.

[53] ARANA BEORLEGUI, Germán. (Luglio 2007). *La cura personalis nel ministero sacerdotale...*, Opus cit., 7. Cf. CENTRO IGNAZIANO DI SPIRITUALITÀ. (1999). "Il nostro modo di dare gli Esercizi. Indicazioni e orientamenti sul ministero degli esercizi

5.2. La persona che accompagna deve essere come una bilancia

Innanzitutto, dobbiamo affermare che la cosa più importante non consiste nel fatto che la persona che accompagna dica o esprima la sua opinione, ma in tutto quello che la persona accompagnata fa come risultato dell'accompagnamento e dei consigli della guida[54]. Non si tratta di dimostrare le qualità e le competenze del direttore ma di fare "in modo che chi dà gli esercizi non devii né si inclini da una parte o dall'altra, ma restando in mezzo, come una bilancia, lasci che il Creatore agisca direttamente con la creatura, e la creatura col suo Creatore e Signore"[55]. La persona che accompagna deve favorire, soprattutto, un metodo adattato alla persona guidata[56]; non deve mai confondere il suo intervento con quello dello psicologo perché, come abbiamo rilevato, l'accompagnamento spirituale non è una terapia di carattere psicologico, nè si trattano le patologie di questo genere. Chi vive l'esperienza dell'accompagnamento non si dovrebbe fidare esclusivamente di chi accompagna, ma solo di Dio, perché "il direttore degli esercizi si limita a offrire un piccolo aiuto con l'oggetto che Dio e l'uomo possano trovarsi realmente in un modo diretto"[57]. L'aiuto che offre l'accompagnatore dell'esperienza spirituale è volto a far vivere alla persona accompagnata, in modo intimo, un'esperienza diretta con Dio. Questo è quello che ordina e sistematizza tutto. Questa deve essere la rettitudine di coscienza con la quale l'accompagnatore deve agire. La fede nella possibilità della comunicazione diretta con Dio non deve supporsi, come qualcosa di implicito, ma deve esplicitarsi, non solo in chi dà modo e ordine, ma anche nella persona che chiede l'aiuto[58]. In questo caso, "la guida opera come un esperto nella lettura spirituale dei movimenti interiori. Non tanto per fornire ricette da consumare in fretta o risposte troppo formalistiche, ma come un vero aiuto a cogliere nell'ambiguità dell'esperienza storica i segni che puntano alla vera

---

spirituali", in: *Appunti di Spiritualità*. Napoli: CIS, 64-65. Cf. BERNADICOU, Paul. (1967). "The retreat Director in the Spiritual Exercises", in: FLEMING, David L. (1967). *Notes of the Spiritual Exercises. The Way*, Volume 26, 28-29; 34-35.

[54] Esercizi Spirituali [2].

[55] Esercizi Spirituali [15].

[56] Esercizi Spirituali [17].

[57] RAHNER, KARL. (1979). *Palabras de Ignacio de Loyola a un jesuita de hoy...,* Opus cit., 6.

[58] RAHNER, KARL. (1979). *Palabras de Ignacio de Loyola a un jesuita de hoy...,* Opus cit., 9.

crescita. In questo senso il prete agisce come un vero maestro spirituale, capace di discernere ciò che avviene all'interno della persona e capace di offrire uno sbocco efficace a partire da quella situazione. È chiaro che questa condizione 'sapienziale' del ministero è legata alla propria formazione intellettuale, ma non si esaurisce in essa. Richiede altresì, e non di meno, un'esperienza personale di Dio, che lo affina nella sua capacità di percepire l'azione di Dio, che sempre ha di mira la nostra salvezza e l'azione del nemico della natura umana, che invece cerca sistematicamente la nostra rovina"[59].

5.3. Un vero direttore spirituale non s'improvvisa

A mio avviso, non tutte le persone possono svolgere questo ministero. Anche se il sacerdote fosse un brillante professore, un eccellente pastore, o fosse stato dotato di straordinarie abilità in altri campi, in quanto direttore spirituale dovrebbe possedere tutta una serie di qualità e sviluppare competenze ben chiare senza le quali non potrebbe vivere adeguatamente la sua missione. È imprescindibile sottolineare che deve essere una persona con il carisma adeguato per fare attenzione ai movimenti interni di quanti si affidano a lui; deve possedere l'atteggiamento di chi non ha paura di affrontare la crescita continua nella sua capacità di osservare, ascoltare, accogliere, accompagnare e sostenere le persone nella loro strada verso il Signore. Dato che ha ricevuto la missione della Chiesa, svolge il suo insegnamento con autorità e la "realizza in maniera particolare quando prega per le persone e soprattutto quando offre per la loro salvezza il Sacrificio Eucaristico. Appunto perché alla fine è soltanto Dio l'agente di ogni salvezza e di ogni guarigione. La nostra missione è porre i nostri fratelli e noi stessi, affaticati e oppressi, pieni di sconforto e di tante malattie, dinanzi al Cuore di Cristo, che è morto e risorto per ridarci la vita nuova. Quando i fratelli ci chiedono di pregare per loro, intendono che noi staremo sempre vicini a loro con le nostre energie *in persona Christi*, ma intendono anche che in forza del nostro ministero diventiamo strumento della

---

[59] ARANA BEORLEGUI, Germán. (Luglio 2007). *La cura personalis nel ministero sacerdotale...*, Opus cit., 7. Cf. CENTRO IGNAZIANO DI SPIRITUALITÀ. (1999). "Il nostro modo di dare gli Esercizi. Indicazioni e orientamenti sul ministero degli esercizi spirituali", in: *Appunti di Spiritualità*. Napoli: CIS, 65-66. Cf. LEACH, George. (1973). "Growing Freedom in the Spiritual Director". in: FLEMING, David L. (1967). *Notes of the Spiritual Exercises. The Way*, Volume 32, 39-42.

madre Chiesa che porta le loro sofferenze dinanzi al Cuore del Salvatore, con l'aiuto di Maria, nostra Madre, per ricevere i doni che sgorgano
soltanto e direttamente da Lui[60]. Allo stesso modo, è necessario che
riceva una formazione adeguata in teologia spirituale, in spiritualità
sacerdotale, in teologia morale e, addirittura, in diritto canonico. Inoltre prendendo in considerazione la complessità della natura umana,
per quanto sia possibile, sarà di enorme aiuto che riceva alcuni elementi delle scienze umane come la psicologia, la pedagogia e l'antropologia che gli permettano di conoscere e intendersi con altre persone,
specialmente con i giovani in formazione sia per la vita sacerdotale, sia
per la vita religiosa, sia per il matrimonio o per una vita laicale consa-
crata. Solamente così potrà essere un vero padre, una guida, un accompagnatore e un fratello maggiore capace di capire le mozioni dello
Spirito di Dio ed i movimenti dello spirito maligno per poter discernere quale sia la volontà di Dio nella vita di chi si lascia accompagnare[61].

5.4. È un ministero che la Chiesa deve curare molto di più

Dalla mia esperienza nel campo della formazione dei formatori
posso affermare che molto spesso nei seminari e nelle case di formazione alla vita religiosa si cura di più il campo intellettuale. E credo che
debba curarsi. Nonostante, in varie occasioni, i vescovi o i superiori
religiosi abbiano manifestato il pensiero secondo cui basterebbe che
un sacerdote conseguisse una Laurea in Diritto Canonico, in Teologia
Dogmatica o in Teologia Morale per svolgere questo ministero e che i
soli titoli lo abilitino per accompagnare i giovani in formazione, ritengo che questo non sia assolutamente sufficiente. È in gioco la formazione integrale dell'individuo e, specialmente ai nostri giorni, è una
questione delicata e prioritaria. Si deve procurare di assicurare una
solida formazione dei pastori che abbiano la capacità di amare appas-
sionatamente il popolo di Dio, di offrire la loro vita e di essere coscien-
ti delle loro qualità e dei loro limiti. Deve prevalere anche, nell'orizzonte ecclesiale, la possibilità di formare sacerdoti che non abbiano

---

[60] Arana Beorlegui, Germán. (Luglio 2007). *La cura personalis nel ministero sacerdotale...*, Opus cit., 8.

[61] Cf. Panizzolo, Sandro. (2000). "Il Director Spiritus nei seminari: excursus da Trento ai giorni nostri", *Seminarium,* 4, 485-487. Cf. Leach, George. (1973). "Growing Freedom in the Spiritual Director", in: Fleming, David L. (1967). *Notes of the Spiritual Exercises. The Way,* Volume 32, 39-47.

paura di una vita di ascesi e disciplina, di sacrificio e abnegazione, con una visione chiara di quello che implica la strada per il sacerdozio, che non sarà esente dalla sofferenza e dalla presenza della croce, unica garanzia della sequela di Cristo. Per questa ragione, i superiori non devono misurare gli sforzi nella formazione di autentici accompagnatori e guide spirituali; devono garantire anche la libertà dei giovani in formazione di scegliere il loro padre e direttore spirituale. Se si tiene conto dei due versanti dell'accompagnamento, si sta assicurando una minima risposta alle sfide di una solida, limpida e matura formazione sacerdotale[62]. Secondo l'opinione di Arana, "il modo di rapportarsi della guida alla persona che aiuta è fonte di stimolo per lui. Si rende così portavoce del Signore che ci chiama sempre ad un 'di più' d'amore e di libertà in ogni circostanza, per brutta che sia. Perciò la guida alza sempre amorevolmente un'insegna di speranza anche nelle situazioni più difficili. Il prete mai si viene a trovare nella situazione di un medico che in certe situazioni ha esaurito completamente le sue risorse terapeutiche. Quando la libertà del soggetto è in grado di aprire un piccolo spiraglio al vento dello Spirito, ciò è sufficiente per renderlo adatto a ricevere la carità sconfinata e trasformante di Dio"[63].

5.5. Accetta che l'accompagnamento si viva in un processo paziente di apprendimento

Il sacerdote, la religiosa o i laici che accettano la sfida di accompagnare i giovani in formazione devono ricordarsi, evitando alcuni gravi errori commessi nel passato, che bisogna camminare con pazienza. Molti giovani entrano nella casa di formazione con tanta buona volontà, ma non sono abituati al dialogo personale, non sanno discernere e, spesso, neanche sanno pregare. Pertanto, l'accompagnamento richiede una chiara pedagogia, un processo paziente d'insegnamento e di pratica dell'accompagnamento. Questo deve essere assicurato, soprattutto, nei primi anni della formazione, nel propedeutico o nel noviziato, come una parte insostituibile della formazione. Se ciò riesce nei primi anni, il

---

[62] Cf. PANIZZOLO, Sandro. (2000). "Il Director Spiritus nei seminari..., Opus cit., 499-500.

[63] ARANA BEORLEGUI, Germán. (Luglio 2007). *La cura personalis nel ministero sacerdotale...*, Opus cit., 7-8. Cf. CENTRO IGNAZIANO DI SPIRITUALITÀ. (1999). "Il nostro modo di dare gli Esercizi. Indicazioni e orientamenti sul ministero degli esercizi spirituali", in: *Appunti di Spiritualità*. Napoli: CIS, 72-73.

gusto per l'accompagnamento sarà progressivamente maggiore qualora la persona percepisca di essere accompagnata da vicino. La direzione spirituale potrà raggiungere i suoi obiettivi unicamente se l'accompagnamento andrà molto oltre un mero requisito burocratico stabilito
nel progetto formativo. Solamente in questo modo, l'accompagnamento
passerà a far parte di una formazione che si assume personalmente
come necessaria e, così, la persona potrà camminare verso una maturità armonica, alla ricerca di una vera crescita integrale con tutti gli elementi offerti per i formatori. In questo modo, l'individuo in formazione potrà trasformarsi in protagonista di una vera formazione aperta a
scoprire la centralità di Gesù Cristo nella sua vita, come criterio ultimo
e assoluto del suo sacerdozio, principio e fondamento del suo servizio
nella Chiesa al servizio dei fratelli e, ovviamente, motivo ultimo del suo
desiderio di cercare, trovare e fare la volontà di Dio[64].

5.6. *Un padre spirituale favorisce la comunione*

Una qualità senza la quale nessuno può essere un vero accompagnatore, guida, padre o direttore spirituale è che la persona abbia accettato Gesù Cristo come il principio e il fondamento del suo essere e
del suo agire. Pertanto deve essere una persona con un atteggiamento
chiaro di preghiera e di discernimento spirituale, capace di entusia-
smare i fratelli più giovani nella ricerca della volontà di Dio, modello
credibile di ciò che si predica e si insegna. Il padre spirituale deve
avere una profonda intimità con il Signore e deve essere sempre unito
a Lui, deve credere e amare la formazione. Non può assumere questo
ministero come una punizione o – ciò che sarebbe peggiore – come un
modo per fare carriera nel ministero sacerdotale. È chiamato a un lavoro di squadra, cioè a integrarsi in un corpo apostolico assumendo la
complementarità e la comunione con gli altri formatori, con la diocesi,
l'istituto religioso e la Chiesa universale. Per nessuna ragione deve ac-
cettarsi come direttore spirituale del seminario un franco tiratore, un
uomo solitario, frustrato o amareggiato e, ancora meno, un uomo di
poca fede, o che viva una crisi d'identità personale, affettiva o sacerdotale. Anche la persona che assume con amore, libertà e responsabilità

---

[64] Cf. PANIZZOLO, Sandro. (2000). "Il Director Spiritus nei seminari..., Opus cit.,
500-504. Cf. Cf. CENTRO IGNAZIANO DI SPIRITUALITÀ. (1999). "Il nostro modo di dare
gli Esercizi. Indicazioni e orientamenti sul ministero degli esercizi spirituali", in:
Appunti di Spiritualità. Napoli: CIS, 63.

la missione di accompagnare i giovani in formazione deve sentirsi in un processo di formazione permanente e avere un atteggiamento continuo di crescita nel compito di farsi conoscere e volere e guadagnarsi la fiducia della persona accompagnata[65].

5.7. Il direttore spirituale è capace di un'accettazione incondizionata

È chiamato ad accettare incondizionatamente la persona che guida e accompagna. Accetta la sfida di crescere continuamente in una relazione profonda, interpersonale, di piena fiducia e intima comunione ed empatia. È invitato a creare una relazione di profondo rispetto e dialogo interpersonale. Il padre spirituale deve capire l'importanza di crescere nella capacità di ascolto paziente, di approfondire l'abilità di osservazione del linguaggio non verbale e di essere sempre aperto e umile nel penetrare nell'intimità della persona diretta ad una verità più profonda sulla sua vita, sulla sua relazione con Dio e alla ricerca paziente della volontà di Dio su di lei. Prendendo atto di come sia frequente l'auto-inganno nell'accompagnamento spirituale, è necessario chiedere alla persona accompagnata una disponibilità continua, l'onestà e la sincerità, la trasparenza e l'apertura di cuore per lasciarsi guidare, fondamentalmente per l'azione dello Spirito Santo che è il principale protagonista di questo dialogo[66].

5.8. Il padre spirituale sviluppa la capacità di ascolto

Non può fare altro che donare se stesso nel colloquio; è chiamato a comunicare la sua esperienza di Dio come il fratello maggiore che l'ha trovato nella sua vita e che, pertanto, non è tanto egoista da conservarlo solo per sè. Non può sviluppare vergognosamente la sua missione senza comunicare quello che egli stesso vive col Signore in una comunicazione impersonale e familiare. Può essere un vero testimone e profeta che trasmette la verità di Dio incarnata nella nostra storia. Può anche essere un modello di fratello e amico che, senza mettersi al di sopra della persona guidata, come se fosse un superiore asettico e scettico, gli comunica molto di più che una dottrina o un insieme di concetti e giudica i desideri e le resistenze morali e culturali del diretto. È il fratello maggiore che comunica con il fratello minore come una per-

---

[65] Cf. Panizzolo, Sandro. (2000). "Il Director Spiritus nei seminari..., Opus cit., 504.

sona e non come un concetto o una semplice categoria[67]. Chi accompagna è chiamato a "sapere ascoltare il figlio spirituale, il che significa considerarlo nella sua individualità e tenere in conto l'unicità del suo caso. Questo significa anche la necessità di agire spesso con chiara determinazione contro alcuni atteggiamenti moralizzanti della formazione ecclesiastica. Invece di valutare con benevolenza tutti gli aspetti di una situazione delicata, esiste la tendenza a indicare immediatamente l'atteggiamento moralmente corretto, anche se tale consiglio si manifesta inadeguato, portando, dunque, il figlio spirituale allo scoraggiamento"[68]. Nella capacità di ascolto, la persona che accompagna sviluppa anche la sua capacità di specchiare, di offrire una specie di riflesso di ciò che ascolta e di ciò che percepisce e, quindi, "la guida aiuta il soggetto a mettersi senza paura e con speranza dinanzi alla sua realtà. La sua empatia favorirà un resoconto autobiografico dove la persona si fa auto-presente a se stessa in modo più lucido ed impegnato. La condivisione della fede favorirà una lettura credente della realtà, vissuta come luogo d'incontro tra l'appello dell'amore di Dio e la risposta di volta in volta più responsabile dell'uomo. Lo specchio non è mai neutro. Non ha la pretesa esclusiva di una proiezione psicologica di un universo interiore fondato su se stesso. La verità sulla quale si rispecchia la nostra realtà personale e in cui trova definitivamente se stessa, è il mistero di Cristo, annunciato dalla Chiesa. La carità pastorale del presbitero non fornisce un'accoglienza senza criteri, ma costituisce un aiuto per riconciliare il singolo con la sua vocazione definitiva, offertagli da Dio"[69].

5.9. È capace di aiutare a risolvere le crisi personali

I giovani in formazione, che il Signore pone sulla strada di un accompagnatore cristiano che ha assunto questa bella ma difficile missione, arrivano con delle difficoltà concrete: molto frequentemente con

---

[66] BERNARD, Charles A. (2000). "La dinamica del colloquio spirituale", *Seminarium*, 4, 539-540. Cf. CENTRO IGNAZIANO DI SPIRITUALITÀ. (1999). "Il nostro modo di dare gli Esercizi. Indicazioni e orientamenti sul ministero degli esercizi spirituali", in: *Appunti di Spiritualità*. Napoli: CIS, 62. Cf. LEACH, George. (1973). "Growing Freedom in the Spiritual Director", in: FLEMING, David L. (1967). *Notes of the Spiritual Exercises. The Way*, Volume 32, 42-45.

[67] Cf. BERNARD, Charles A. (2000). "La dinamica del colloquio spirituale"..., Opus cit. 540-543.

[68] Cf. BERNARD, Charles A. (2000). "La dinamica del colloquio spirituale"..., Opus cit. 547.

alcune crisi, con le loro debolezze, poche volte condivise o confessate. Vivono immersi in un mondo di rumore, di solitudine, di competenze sleali, di poca comunicazione e, in molti casi, di famiglie disintegrate che hanno lasciato un'impronta di violenza, di amarezza e di risentimento. Altri provengono da movimenti laicali che forse hanno tanta buona volontà, ma non hanno saputo educare adeguatamente i giovani ad una sana dottrina e li hanno incanalati attraverso espressioni che potrebbero cadere in uno spiritualismo vuoto. In altri casi, si è insistito – magari esageratamente – su un servizio ideologizzato che potrebbe portarli alla ricerca di un cristianesimo *volontaristico* e, tuttavia, superficiale che non ha la centralità di Dio, il Padre di Gesù. Non sono pochi i giovani che chiedono aiuto quando si vedono impossibilitati a risolvere da soli la situazione. Molti sono caduti nello scoraggiamento, nel senso di colpa, in uno sterile ripiegarsi su se stessi, o nella ripetuta trappola di accusare altri – generalmente i genitori o la Chiesa – delle proprie frustrazioni e paure. È in questi casi che "seguendo l'esempio di Cristo e condividendo la sua autorità, il padre spirituale deve amare e conoscere i suoi figli di un modo particolare: "conosco le mie pecore, e le mie mi conoscono" (Jn 10,14). Possiamo intravedere già come la vera conoscenza personale supponga l'apertura reciproca, benevolente e gratuita dei cuori e si rende concreta necessariamente nell'amore filiale e nella fiducia reciproca"[70].

6. Conclusione: la missione di chi dà ad altri il modo e l'ordine di meditare e contemplare è necessaria e molto importante per la vita spirituale

Dopo aver analizzato la missione e la figura della persona che accompagna un'esperienza spirituale, rimane ancora valida la domanda: "Perché abbiamo bisogno di un direttore spirituale?". La risposta sem-

---

[69] ARANA BEORLEGUI, Germán. (Luglio 2007). *La cura personalis nel ministero sacerdotale...*, Opus cit., 6.

[70] Cf. BERNARD, Charles A. (2000). "La dinamica del colloquio spirituale"..., Opus cit. 544. Cf. CENTRO IGNAZIANO DI SPIRITUALITÀ. (1999). "Il nostro modo di dare gli Esercizi. Indicazioni e orientamenti sul ministero degli esercizi spirituali", in: *Appunti di Spiritualità*. Napoli: CIS, 62. Cf. LEACH, George. (1973). "Growing Freedom in the Spiritual Director", in: FLEMING, David L. (1967). *Notes of the Spiritual Exercises. The Way*, Volume 32, 39-47.

bra facile e potremmo dire che è necessario per iniziare o approfondire un cammino di preghiera come una relazione personale, come un incontro a tu per Tu con il Dio vivente. Per entrare nel segreto di tale incontro, Sant'Ignazio di Loyola ci propone gli esercizi di preghiera e una serie di esercitazioni pratiche da fare con *"modo e ordine"*; l'esame della preghiera, da fare dopo ogni esercizio; il colloquio con la guida, chiamata "colui che dà gli esercizi". Tutto questo fa parte di un modo di procedere nell'iniziazione alla vita spirituale, si tratta dell'eredità di un uomo di Chiesa, che aiuta a fare un serio cammino di fede, per raggiungere un buon discernimento vocazionale e scegliere adeguatamente lo stato di vita, per ordinare o riformare la vita in modo tale che possiamo essere in grado di vivere un'autentica maturazione in Cristo e per suscitare e sostenere l'impegno personale nella fede e nella risposta alla santità cui si è chiamati[71]. Basterebbe analizzare accuratamente un'affermazione del Santo Padre Pio XII indirizzata a tutti coloro che pensano e sperano di trovare un padre spirituale: "nel cammino della vita spirituale non vi fidate troppo di voi stessi, ma con semplicità e docilità prendiate consiglio e domandiate aiuto a chi con saggia direzione può guidare l'anima vostra, prevenirvi nei pericoli che potete incontrare, suggerirvi rimedi idonei, e in tutte le difficoltà interne ed esterne vi può condurre rettamente ad avviarvi a quella perfezione ogni giorno maggiore, alla quale v'invitano con insistenza gli esempi dei santi del cielo e i sicuri maestri dell'ascetica cristiana. Senza questa prudente guida della coscienza, in via ordinaria, è assai difficile assecondare convenientemente gli impulsi dello Spirito Santo e delle grazie divine"[72].

Abbiamo bisogno dell'aiuto di un padre spirituale per affrontare la problematica che ci presenta la cosiddetta società liquida in cui viviamo e che fu coraggiosamente denunziata dall'allora Cardinale Joseph Ratzinger quando ha affermato: "quanti venti di dottrina abbiamo conosciuto in questi ultimi decenni, quante correnti ideologiche, quante mode del pensiero... La piccola barca del pensiero di molti cristiani è stata non di rado agitata da queste onde - gettata da un estremo all'altro: dal marxismo al liberalismo, fino al libertinismo; dal collettivismo all'individualismo radicale; dall'ateismo ad un vago misticismo religio-

---

[71] Cf. FRATTALLONE, Raimondo. (2006). *Direzione Spirituale...*, Opus cit., 233-234 e COLOMBO, C. G. (2006). *Spiritualità sacerdotale. Lettere a un presbitero e due saggi sulla direzione spirituale.* Milano: Glossa, 25-30.
[72] L'Osservatore Romano del 13 giugno 2004, 5.

so; dall'agnosticismo al sincretismo e così via. Ogni giorno nascono nuove sette e si realizza quanto dice San Paolo sull'inganno degli uomini, sull'astuzia che tende a trarre nell'errore (cf *Ef* 4,14). Avere una fede chiara, secondo il Credo della Chiesa, viene spesso etichettato come fondamentalismo. Mentre il relativismo, cioè il lasciarsi portare 'qua e là da qualsiasi vento di dottrina', appare come l'unico atteggiamento all'altezza dei tempi odierni. Si va costituendo una dittatura del relativismo che non riconosce nulla come definitivo e che lascia come ultima misura solo il proprio io e le sue voglie"[73]. Dato che è molto frequente cadere nella trappola dell'auto-inganno o abituarci a relativizzare tutto, per fare un buon percorso di fede, quindi, non bastano le proprie forze e capacità, ma bisogna fidarsi di qualcuno, essere semplici e docili, cioè chiedere consigli, suggerimenti e domandare aiuto a chi con saggezza sa guidare l'anima verso Dio. San Francesco di Sales, un altro uomo di Dio, esperto nell'accompagnamento spirituale, molto spesso diceva che se uno non è arrivato a questa consapevolezza, difficilmente chiederà aiuto al padre spirituale[74].

È necessario stabilire un rapporto frequente con un uomo o una donna in grado di accompagnarci per approfondire il desiderio di conoscere Dio e la voglia di stare alla sua presenza, per fare lo sforzo di vivere una vita pienamente cristiana, per superare i vari ostacoli che frenano una vita di fede più chiara e limpida; per affrontare i problemi interiori, sia che riguardino la crescita umana o affettiva, sia che siano collegati alla maturità della vita cristiana, o al vissuto della vocazione personale. È davvero importante avere l'aiuto di una persona che ci faccia compagnia per non lasciarci vincere dalla superficialità. Solo così troveremo risposte concrete e adeguate alle mozioni dello Spirito Santo per rispondere alla vocazione scelta, risolvere le difficoltà della preghiera e approfondire il desiderio di saper distinguere le mozioni che vengono da Dio e quelle che procedono dallo spirito cattivo, al fine di compiere la volontà di Dio e fare tutto solo per la Sua maggiore gloria. Il confronto e l'aiuto continuo di chi dà modo e ordine ci permette di entrare nel cuore della preghiera e capire il terreno sul quale esercitare la riflessione e l'affettività, perché anche Gesù nell'incontro con i due

---

[73] RATZINGER, Cardinale Joseph. Omelia della Missa pro eligendo Romano Pontifice nella Patriarcale Basilica di San Pietro, lunedì 18 aprile 2005.
[74] Cf. DI SALES, Francesco. (2009). *Filotea. Introduzione alla vita devota*, a cura di R. Baldoni. Roma: Città Nuova, 38-40.

discepoli di Emmaus ha richiamato alla memoria i fatti recenti e le Scritture, facendone una lettura nuova e inedita; e mentre lo ascoltavano, si apriva l'intelligenza e soprattutto si riscaldava il loro cuore[75].

Il direttore spirituale ci aiuta a capire che "è necessario persuadersi che il tempo non è 'nostro' ma è 'per noi'. In particolare, il tempo degli esercizi è un 'tempo favorevole' che ci viene donato per realizzare con il Signore quell'unione profonda di vedute e di sentimenti che sola consente di fare scelte ordinate e a lui gradite. Un altro motivo è il nostro bisogno di imparare a stare davanti al Signore gratuitamente, andando al di là di un certo spontaneismo: 'prego quando voglio e finché ne ho voglia'. Come nell'apprendimento di un'arte occorre esercitarsi a lungo per giungere a una spontaneità dell'amore puro e consiste nell'essere lì per l'Altro, persino quando sembra di non concludere niente"[76]. L'aiuto del padre spirituale è molto utile quando abbiamo come scopo principale quello di approfondire la nostra vita di fede e cercare di fare tutto per rispondere alla chiamata di Dio, nelle circostanze quotidiane della vita e nonostante i momenti di crisi o di prova[77]. Un'altra cosa che deve avere la persona diretta è la consapevolezza che il padre spirituale è semplicemente colui che stimola, sorveglia, illumina con la parola di Dio e con la preghiera, indirizza i suoi passi, ma solo il diretto è l'artefice della propria santità[78]. Non si va da un padre spirituale per spersonalizzarsi, per scaricare la propria responsabilità, ma per la certezza che la verità è l'amore e che dunque è nella comunione che si conosce[79].

Concludendo, per spiegare l'importanza e il ruolo che un vero accompagnatore spirituale può avere nella vita di una persona che desidera approfondire la sua vita di fede, che cerca di conoscere e fare la volontà di Dio, possiamo terminare con una storia di Nouwen, che così racconta: "C'era una volta uno scultore che stava lavorando alacremente col suo martello e il suo cesello su un grande blocco di mar-

---

[75] Esercizi Spirituali [3].

[76] CENTRO IGNAZIANO DI SPIRITUALITÀ. (1999). "Il nostro modo di dare gli Esercizi..., Opus cit., 57.

[77] GOYA, Benito. (2008). *Luce e Guida nel Cammino. Manuale di direzione spirituale*. Bologna: Edizioni Dehoniane, 96.

[78] GOYA, Benito. (2008). *Luce e Guida nel Cammino. Manuale di direzione spirituale*. Bologna: Edizioni Dehoniane, 96.

[79] Cf. RUPNIK, Marco I. (2004). *Il discernimento*. Roma: Lipa, 224.

mo. Un ragazzino che lo stava a guardare non vedeva altro che schegge di pietra piccole e grandi che ricadevano a destra e a sinistra; non aveva idea di ciò che stava accadendo; quando il ragazzino ritornò allo studio qualche settimana dopo, vide con sua grande sorpresa un grande e possente leone seduto nel posto dove c'era stato il blocco di marmo. Tutto eccitato, il bambino corse dallo scultore e gli disse: Signore, dimmi, come hai fatto a sapere che c'era un leone nel marmo?"[80].

---

[80] NOUWEN, Henri J. M. (2008). *La direzione spirituale.* Brescia: Edizione Queriniana, 41.

Come si sviluppa la vita spirituale, ci sono delle tappe?

di Pavulraj Michael S.J.

1. Introduzione

Nel corso del cammino umano, una domanda centrale e costante si impone: «Come si sviluppa la vita spirituale, ci sono delle tappe?». Quando parliamo di «spiritualità», intendiamo dire «vita spirituale», ovvero «vita secondo lo Spirito Santo». San Paolo la definisce: «camminare nello Spirito Santo» (Rom 8,4)[1]. Tuttavia possiamo comprendere questa «vita» come «vivere» da parte nostra e come una riflessione teologica su questa vita. La vita «spirituale», essendo comunicata da Cristo e poiché è partecipazione alla sua stessa vita, si chiama anche «vita in Cristo» (Col 3,3; Gal 2,20; Fil 1,21). Diciamo vita «spirituale» per distinguerla da una vita secondo la «carne» o secondo il proprio egoismo e peccato, lontano dalla carità: «Voi però non siete sotto il dominio della carne (appetiti disordinati), ma dello Spirito» (Rom 8,9). La vita «spirituale» equivale al «camminare nell'amore» (Ef 5,2), vale a dire, «come Cristo ci ha amati» (Ef 5,2). È la «vita nuova» (Rom 6,4). Si chiama anche vita «divina» ossia vita secondo Dio, secondo i suoi piani salvifici, «conforme alla sua volontà», per essere «a lode della

---

[1] Vedere la spiegazione di «spiritualità», «teologia spirituale», «teologia della perfezione», ecc., secondo i diversi autori: J. Aumann, *Spiritual theology*, London, Sheed and Ward 1984; A.M. Bernard, *Compendio di Teologia spirituale*, Roma, Paoline 1989; L. Bouyer, *Introduzione alla vita spirituale*, Roma, Borla 1979; L. Cognet, *Introduction à la vie chrétienne*, Paris, Cerf 1967; A. Dagnino, *La vita cristiana*, Roma, Paoline 1978; J. Esquerda Bifet, *Caminar en el amor, dinamismo de la vida espiritual*, Madrid, Sociedad Educadon Atenas 1989; P. Feriay, *Compendio de la vida espiritual*, Valencia, EDICEP 1990; R. Garrigou-Lagrange, *Le tre età della vita spirituale*, Torino, Marietti 1949; T. Goffi, *L'esperienza spirituale oggi*, Brescia, Queriniana 1984; A. Roro Marin, *Teologia della perfezione cristiana*, Roma, Paoline 1960; F. Ruiz, *Caminos del Espiritu, compendio de teologia espiritual*, Madrid, EDE 1988; G. Thils, *Existence et sainteté en Jésus-Christ*, Paris, Beauchesne 1982; C.V. Thruiar, *Concetti fondamentali della teologia spirituale*, Brescia 1971; J. Weismayer, *La vita cristiana in pienezza*, Bologna, Dehoniane 1989. La teologia spirituale studia la natura, gli obiettivi, le tappe e i mezzi della vita spirituale.

sua gloria» (Ef 1,11-12). È, perciò, la partecipazione alla stessa vita trinitaria di Dio amore: «Per Cristo al Padre in un solo Spirito» (Ef 2,18). Questa vita spirituale riguarda ogni persona credente e tutta la comunità ecclesiale. È, dunque, vita personale e comunitaria. Si tratta della spiritualità della Chiesa stessa come «mistero» (segno chiaro e portatore di Cristo), «comunione» (fraternità, corpo, popolo), «missione» (Chiesa inviata ad annunciare Cristo). La Chiesa sposa vive unita a Cristo sposo in un cammino di: incontro, relazione, unione, sequela, imitazione, configurazione. Così diventa «sacramento universale di salvezza» (LG 48; AG I), poiché il volto di Cristo «risplende sul volto della Chiesa» (LG I). Questa vita «spirituale» è vita di santità o di perfezione, che consiste nella carità (LG V), vita di comunione ecclesiale per costruire la stessa famiglia (corpo, tempio, popolo) convocata da Gesù, vita impegnata nella costruzione della comunità umana come riflesso della comunione trinitaria[2]. La vita spirituale è la vita che corrisponde ad «uomini nuovi, creatori di una nuova umanità» (GS 30). La vita spirituale non è soprannaturale[3], ma divina, nel senso che essa si sviluppa per l'azione dello Spirito di Dio. Nella prospettiva dinamica ed evolutiva l'azione creatrice si esprime secondo il livello che la persona ha raggiunto. La vita spirituale è una fioritura dall'interno,

---

[2] Cfr. J.E. BIFET, *Spiritualità Mariana della Chiesa: Esposizione sistematica*, Roma, Centro di cultura Mariana 1994, p. 10.

[3] "La vita soprannaturale può essere soltanto un dono della divina carità: l'uomo con le proprie forze non può certamente innalzarsi a questo livello superiore di vita, anche dopo che Dio gliene avrà rivelato l'esistenza. A togliere quest'illusione, basta il semplice confronto delle realtà che si trovano di fronte. Non è nemmeno ammissibile che l'uomo possa avere l'esigenza di quest'aggiunta nello sviluppo e nel perfezionamento del suo essere naturale, dato che qui tutta l'attuazione appartiene al libero volere di Dio e solo la fede ci può istruire. L'uomo con le proprie forze può attuare spiritualmente il proprio essere sul piano dell'aldilà quanto basta per possedere una certa felicità umana, di cui egli si deve naturalmente contentare, a meno che Dio non si compiaccia di chiamarlo a una perfezione ulteriore. In questo modo, il contenuto esplicito e positivo del soprannaturale propriamente detto appare inaccessibile alla ragione e inattuabile alle forze naturali e perfino inesigibile al volere umano, e quindi, si dimostra assolutamente trascendente alla ragione e alla natura. Dobbiamo perciò esaminare la nozione connessa di rivelazione, l'unica che possa farlo conoscere all'uomo, per esaminare poi il rapporto esatto tra il soprannaturale propriamente detto e il desiderio naturale. Da questo studio risulterà che il soprannaturale propriamente detto e il desiderio si convengono vicendevolmente". H. DE LUBAC, *Sulle vie di Dio - Opera Omnia n.1. Sezione prima: L'uomo davanti a Dio*, Milano, Jaca Book 2008, pp. 75-78.

non un habitus sopraggiunto. In 1 Cor 2,14 Paolo distingue l'uomo psichico dall'uomo spirituale. L'uomo all'inizio è psichico e in seguito diventa spirituale, quando giunge alla consapevolezza dell'azione dello Spirito. Quando la persona prende coscienza che Colui che la guida è più grande di lei. Nella fase narcisistica l'uomo crede di essere il principio di sé e il centro di tutto. Solo quando si accorge di aver bisogno di un'offerta continua di vita, della grazia cioè, l'uomo può sviluppare la dimensione «spirituale». La grazia è l'azione di Dio già presente nell'uomo, ma solo quando l'uomo se ne rende conto e arriva alla consapevolezza della presenza di Dio può assumere un atteggiamento di accoglienza. Crescere perciò è imparare ad interiorizzare i doni «degli altri», di un Altro; è intrattenere rapporti intensi per accogliere tutte le offerte vitali che ci fanno diventare persona. In termini biblici si potrebbe utilizzare la metafora della «corsa che ci sta davanti» da correre «con perseveranza», «tenendo fisso lo sguardo su Gesù autore e perfezionatore della nostra fede» (Eb 12,2)[4]. La dimensione spirituale comincia a svilupparsi quando emerge e si realizza una nuova consapevolezza e un nuovo controllo delle proprie azioni o nella presa di possesso della propria realtà. È un passaggio notevole, che avviene in un determinato momento della storia umana, e nelle singole persone rappresenta l'ultima tappa della maturità. È difficile determinare questi passaggi sia per l'umanità che per le singole persone.

2. Le tappe della vita spirituale

La triplice via è la crescita organica, gerarchica della relazione tra le tre Persone della Trinità e l'uomo. È messa in evidenza l'unità dinamica dell'itinerario spirituale dell'uomo in cammino verso Dio, ma con una certa successione delle vie.

a) PURIFICAZIONE: mentre sali con fatica il Monte Santo di Dio, ti distacchi dal peccato (Via Purgativa; la prima settimana degli Esercizi Spirituali di Sant'Ignazio)[5]. Il meditante si prepara all'incontro con

---

[4] Cfr. C. MOLARI, *La vita spirituale e la maturità della fede*, in http://www.notedipastoralegiovanile.it/index.php?option=com_content&view=article&id=4854:la-vita-spirituale-e-la-maturita-della-fede&catid=105:formazione-degli-educatori.

[5] "È importante comprendere questo: la sola purificazione attiva che l'uomo intraprende volendosi liberare dei propri vizi e avvicinare all'unione con Dio non è suf-

il Signore: prende coscienza delle sue motivazioni, del luogo e del tempo, vive un esercizio di pacificazione e di purificazione per prendere le distanze da se stesso (corpo - emozioni - pensieri disturbanti), purifica le sue intenzioni per raggiungere, con la guida del Maestro interiore, lo Spirito Santo, l'intimo del proprio essere (il cuore profondo) dove abita, vive e opera Dio Trinità: «verremo in lui e prenderemo dimora presso di lui» Gv 14. Bisogna purificare il cuore, uccidere l'uomo vecchio con i suoi desideri perché possa nascere l'uomo nuovo. Questa ascesi purificatrice è fondamentalmente orientata verso una nuova nascita, una crescita, una risurrezione. Essa libera per la vita, per l'amore, per la pienezza sperata. Essa è fin dall'origine e rimane, nella sua priorità essenziale, ascesi di risurrezione.

b) ILLUMINAZIONE: con la preghiera e la meditazione, sempre più assidue, vieni gradualmente illuminato dallo Spirito Santo sulla verità tutta intera (Via Illuminativa; la seconda settimana degli Esercizi Spirituali di Sant'Ignazio)[6]. Raggiunto il cuore profondo, il meditante dispone tutto il proprio essere all'ascolto silenzioso della Parola di Dio che è Viva ed Efficace e da essa si lascia illuminare, contestare, questionare, medicare, sanare. Sulla Parola di Dio si dimora a lungo e in silenzio per permetterle di penetrare tutte le cellule dell'essere, come l'acqua penetra dolcemente la terra, l'ammorbidisce e la fertilizza. Dalla Parola ci si lascia guidare per discernere ciò che il Signore chiede nell'oggi della nostra esistenza. La parola illuminazione esprime bene questo valore trasfigurante della meditazione del Vangelo che configura allo Spirito di Cristo. Non c'è crescita spirituale senza questo sguar-

---

ficiente a purificare l'anima in profondità finché non è il Signore stesso a intervenire e completare l'opera di purificazione in maniera passiva attraverso la notte dei sensi. Infatti per quanti sforzi possa fare per purificarsi non arriverà mai a farlo pienamente, perché non vede nè conosce fin dalle radici i mali da cui è afflitta e non avrebbe perciò gli strumenti per poterli vincere da sola. La purificazione attiva invece, quella che possiamo chiamare combattimento spirituale, annovera tre strumenti principali: preghiera, pentimento e penitenza". Cfr. H. J. M. NOUWEN, *Viaggio spirituale per l'uomo contemporaneo: i tre movimenti della vita spirituale*, Brescia, Queriniana 2004, p. 32.

[6] "La via illuminativa è quella che caratterizza i proficienti, cioè coloro che progrediscono nel cammino, e rappresenta anche il tratto di passaggio fino all'unione con Dio. Durante l'illuminazione, noi cominciamo ad andare dalle tenebre alla luce, iniziando ad illuminare tutto il nostro mondo interiore". Cfr. H. J. M. NOUWEN, *Viaggio spirituale per l'uomo contemporaneo: I tre movimenti della vita spirituale*, Brescia, Queriniana 2004, p. 47.

do prolungato sul Vangelo in cui il nostro spirito si espone alla luce dello Spirito manifestato nella persona di Gesù.

c) CONTEMPLAZIONE o UNIONE: per godere poi l'abbraccio ineffabile dell'amore increato ed eterno che ti si dona (Via Unitiva; la terza e quarta settimana degli Esercizi Spirituali di Sant'Ignazio)[7]. Il dimorare a lungo nella Parola e con la Parola mette in moto un processo misterioso di trasformazione, di unificazione e comunione che configura a ciò che si medita e si contempla, cioè a Gesù Vita. In un certo senso si diventa in sinergia con lo Spirito ciò che si contempla e quasi si sperimenta una forza sacramentale e certamente trascendente. «Sempre ti dispiaccia ciò che sei, se vuoi arrivare a ciò che non sei. Infatti, quando ti ritieni soddisfatto, allora ti sei fermato. Se dici: 'Basta', sei perduto. Avanza sempre, cammina sempre: non fermarti, non tornare indietro, non smarrirti. Chi non progredisce si ferma, chi si volge là donde era partito retrocede; chi vien meno si smarrisce. Cammina meglio uno zoppo sulla retta via, che un atleta fuori strada»[8]. Chi arriva all'unione è santo, nel senso che, come Gesù e il Padre sono una cosa sola, così dovremmo essere anche noi.

Le prime due tappe appartengono alla fase iniziale e centrale del cammino e potremmo chiamarle prevalentemente ascetiche in quanto l'anima progredisce in esso con un grande impegno personale di purificazione dai vizi e di crescita nelle virtù cristiane e nella preghiera. L'unione si raggiunge comunemente dopo aver attraversato i primi due stati, essersi impegnati a lungo nell'orazione vocale, mentale, affettiva e nella purificazione del cuore dall'affetto al peccato abituale. L'ultimo grado del cammino può essere definito mistico, in quanto l'azione principale di purificazione, illuminazione e trasformazione dell'anima

---

[7] Sant'IGNAZIO DI LOYOLA, *Gli Scritti di Sant'Ignazio di Loyola*, Roma, Edizioni AdP 2007, n: 4 degli *Esercizi Spirituali*, pp. 184-185; Schema della Vita Spirituale in Bonaventura:

La via	Consiste nel	Corrisponde al senso	Conduce alla	Appropriata al	Come la virtù della
Purgativa	Fuggire il male	Morale	Pace	Padre	Speranza
Illuminativa	Imitare Cristo	Allegorico	Verità	Figlio	Fede
Unitiva	Unirsi a Dio	Anagogico	Carità	Spirito Santo	Carità

Cfr. V. NOJA, *Esperienze Mistiche: negli Scritti dei Grandi Maestri*, Milano, Paoline 2008, pp. 310-317.

[8] F. MONTEVERDE, *Opere di sant'Agostino. Introduzione generale (Opera omnia di S. Agostino)*, Roma, Città Nuova Editrice 2006, nn: 169, 15.18.

viene svolta dallo Spirito Santo, mentre l'uomo, avendo ormai raggiunto un sufficiente grado di virtù, si limita a lasciarsi guidare, ispira-
re, condurre in tutto dal Signore, cercando di cooperare come meglio
può a quest'opera divina[9]. È necessario comprendere bene che il Signore opera anche nella prima tappa spirituale in maniera preponde-
rante, ma la sua azione, data l'incapacità e l'impurità dell'anima, non
viene recepita in maniera così intima e spirituale come nei gradi successivi. Infatti la persona crede ancora che la cosa più importante sia
quello che lei fa per Dio, mentre più avanti si renderà conto che la cosa
che conta maggiormente in realtà è ciò che Dio fa in lei e attraverso di
lei. Potremmo chiamare le prime due tappe ascetiche: purificazione
attiva e illuminazione anche se quest'ultima partecipa già dei primi
gradi mistici[10]. Quando si giunge alla tappa mistica dell'unione, la luce
divina che invade l'anima produce in essa una trasformazione ma allo
stesso tempo la purifica ed illumina, soltanto che queste operazioni
sono ricevute passivamente in forma di contemplazione infusa.

3. La vita spirituale è un cammino

Come il cammino è fatto di tappe intermedie prima di raggiungere
la meta o il traguardo del viaggio, così nella Vita Spirituale l'uomo non
può raggiungere Dio se non percorrendo le tappe del cammino spirituale che conduce a Lui. L'importante è camminare sulla strada, anche
se faticosa, verso la meta. La vita invoca una meta, pena l'apatia, la

---

[9] Cfr. TOMMASO D'AQUINO, *La Somma Teologica: introduzione Generale*, Roma,
Editrice Adriano Salani 1972, p.75.

[10] Fatta questa premessa conviene provare in maniera concisa ad affrontare le
prime due tappe del cammino spirituale, quelle prevalentemente ascetiche. Parlo di
prevalenza in quanto la situazione ordinaria in cui ci si trova è di attività e iniziativa
personale, è vero però che occasionalmente il Signore può fare grazie mistiche anche
ai principianti che si aggirano per questi primi sentieri, ma ciò è di solito passeggero
e momentaneo. Un'altra precisazione necessaria è di tipo terminologico: parlando di
illuminazione nel cammino ascetico, bisogna intendere: "illuminazione nel bene,
crescita nelle virtù cristiane infuse per grazia"; quando invece si parla di "illuminazione" in senso mistico è da intendere: "illuminazione dell'intelletto per azione dei
doni intellettuali dello Spirito Santo" che producono o delle grazie di intuizione
spirituale o uno dei primi gradi di contemplazione infusa (raccoglimento, quiete,
orazione di unione). È comunque sempre un'azione diretta dello Spirito Santo che
muove in qualche modo le facoltà umane. G.C. FEDERICI, *Cammino ignaziano. Gli
Esercizi spirituali di sant'Ignazio di Loyola*, Padova, Messaggero 2005, pp. 37-39.

disperazione, il fallimento. Se Gesù Cristo, autore della nostra salvezza, giunse alla perfezione per mezzo di sofferenze (Eb 2,10; 5,8), il
cristiano, che si è rivestito di Lui nel battesimo (Gal 3,27), non può
pretendere di arrivarvi per vie diverse[11]. La sequela di Gesù è la sequela del Crocifisso. Se, in queste circostanze della fragilità dell'uomo,
«abbandoniamo con tranquillità quanto ci viene tolto, accettiamo il
crepuscolo come la promessa di un natale eterno pieno di luce, valu-
tiamo le piccole scomparse come eventi della grazia...prendiamo su di
noi la croce quotidiana..., allora facciamo un passo avanti nella sequela
del Crocifisso, allora esercitiamo la fede e la speranza piena di amore,
in cui la morte viene accettata come evento della vita eterna e la sequela di Gesù, il Crocifisso, giunge alla sua perfezione»[12]. Cristo si è fatto
per te via per accompagnarti e sorreggerti nel viaggio della tua vita
incontro al Padre. Non ti esime, però, dal compiere la tua parte. Senza
la tua volontà e il tuo impegno assiduo, quotidiano, nel seguire lui, tu
non cammini sulla strada. Nella vita spirituale fermarsi significa retro-
cedere. Medita le parole del grande dottore della Chiesa S. Agostino,
sopra citate. «Se dici 'Basta' sei perduto. Avanza sempre, cammina sempre», ricordandoti che su questa strada non sei mai solo. I Maestri di
vita nello Spirito hanno tracciato l'itinerario che progressivamente conduce l'anima ad incontrare Dio. All'inizio del cammino mistico, l'anima è ancora inadeguata ad accogliere la pura luce di Dio. Questa luce
produce nell'anima allo stesso tempo purificazione, illuminazione e
unificazione, ma al principio è più evidente l'aspetto purgativo della
contemplazione, che a volte può anche essere doloroso per lo spirito,
in quanto viene recepito come tenebre insondabili, e allora abbiamo
quella che viene chiamata la notte oscura delle purificazioni passive.
Progredendo però nella via mistica, queste tenebre vengono percepite
sempre più in maniera illuminante e consolante dallo spirito. Questa
vita è qualcosa di dinamico, possiede una energia propria la quale si
manifesta in due differenti direzioni di uno stesso cammino. Da una
parte, la vita spirituale suppone necessariamente il moto e il progresso
verso una certa pienezza (il cui segno è la pace): tale dinamismo derivante dal dono della grazia santificante viene costantemente sollecita-

---

[11] Cfr. K. RAHNER, "Eucaristia e sofferenza", in *Saggi sui sacramenti e sulla esca-
tologia*, Milano, Paoline 1965, p. 245.

[12] K. RAHNER, "Sequela del Crocifisso", in *Dio e Rivelazione, Nuovi Saggi, VII*,
Milano, Paoline 1980, pp. 249-250.

to e sostenuto dalle stimolazioni particolari dell'azione di Dio che ci
spinge alla santificazione. Dall'altra, la vita cristiana tende a manifestarsi nelle opere e nello stile di vita: «Spogliatevi, quanto alla vostra
precedente condotta, dell'uomo vecchio» (Ef 4,22), «Siate santi anche
voi in tutta la vostra condotta, com'è santo colui che vi chiamò, perché
sta scritto: Siate santi, perché io sono santo» (1 Pt 1,15)[13]. Presentando
questo schema in tre tappe: purificazione, illuminazione, unione, già la
tradizione faceva notare ciò che c'era di lineare e di concettuale. Si
precisava che si trattava di tappe integrate più che di tappe successive:
la purificazione resta presente, ma sotto altre forme, nel cuore stesso
dell'unione. Per quanto classico sia, questo schema non è esclusivo;
alcuni mistici gliene preferiranno altri: le sette dimore di santa Teresa
d'Avila, le tappe della salita al Carmelo per san Giovanni della Croce o
le quattro settimane degli esercizi spirituali di sant'Ignazio di Loyola.
Presentando un percorso non più lineare, ma dialettico incentrato sulla decisione libera, preparata e accompagnata, Ignazio sottolinea il carattere pasquale della crescita spirituale: essa passa attraverso morti e
risurrezioni, sempre ricorrenti; e così è crescita nello Spirito.

4. La vita spirituale è un dono

Il «Bagaglio Umano» cresce sempre di più comprese le esperienze
negative. Nella fede, l'uomo viene assunto e «trasfigurato»: diventa esperienza di Dio e giungerà in cielo. La gloria che ognuno godrà in Paradi-
so sarà proporzionale al grado di Santità raggiunto nel cammino della

---

[13] Essa è poi una *vita cristica:* con questa espressione vogliamo significare qualcosa di più di un rapporto storico col Cristo: il fatto che questa vita si riferisce immediatamente al mistero del Verbo incarnato; cioè: risiede in Cristo, prima di giungere
a noi tramite i sacramenti e la parola di Dio. Nel Cristo infatti è la vita (Gv 1,4); è lui
a disporne a suo piacimento (Gv 5,26) ed è lui a comunicarla (Gv 10,10). Dopo la
risurrezione tale comunicazione si fa più abbondante poiché Gesù è divenuto «spirito datore di vita» (1 Cor 15,45) e «autore della vita» (At 3,15). Se vita spirituale
vuol dire presenza e attività dello Spirito Santo nel nostro cuore, possiamo anche
dire che possediamo la vita di Dio, la vita divina. I padri greci parlano della divinizz-
zazione (*theopoiesis*) dell'uomo. Fanno appello al testo del Vangelo: "Non è forse
scritto nella vostra legge: Io ho detto: voi siete dei?" (Gv 10,34). Gli autori occidentali, temendo che potesse essere mal compresa l'espressione, parlano maggiormente
della "grazia" di Dio. La vita spirituale viene definita come "vita nella grazia", "vita
soprannaturale". Entrambi hanno i loro vantaggi. Cfr. T. SPIDLIK, *Manuale fondamentale di spiritualità*, Milano, Piemme 1993, p. 17.

vita spirituale. Il Percorso è senza limiti, perché tra l'uomo e Dio la distanza è infinita: «Siate perfetti come è perfetto il Padre vostro celeste» (Mt 5,45)[14]. La sorgente della vita spirituale è la Pasqua di Gesù (Passione-Morte-Risurrezione). Il Concilio Vaticano II ha indicato una via per l'impostazione d'un'antropologia teologica, unitaria e completa, nella relazione con Gesù, Verbo Incarnato, rivelatore del Padre[15]. Il Cristo è visto, quindi, come il rivelatore definitivo del Padre e, allo stesso tempo, come rivelazione e realizzazione del progetto di Dio sull'uomo. «L'uomo, infatti, avrà sempre desiderio di sapere almeno confusamente, quale sia il significato della sua vita, del suo lavoro, della sua morte...ma soltanto Dio, che ha creato l'uomo a sua immagine, e che lo ha redento dal peccato, può offrire a tali problemi una risposta pienamente adeguata e ciò per mezzo della rivelazione compiuta nel Cristo, Figlio suo, fatto uomo» (GS, 41). In questo senso il documento conciliare è stato interpretato dalla *Redemptor Hominis* di Giovanni Paolo II: «Nel mistero della Redenzione l'uomo diviene nuovamente 'espresso' e, in qualche modo, è nuovamente creato... L'uomo che vuol comprendere se stesso fino in fondo (...) deve (...) avvicinarsi a Cristo. Egli deve, per così dire, entrare in Lui con tutto se stesso, deve 'appropriarsi' ed assimilare tutta la realtà dell'Incarnazione e della Redenzione per ritrovare se stesso» (RH, 10), e dal documento sulla Redenzione della Commissione Teologica internazionale: «Perciò l'incarnazione, la vita, la morte e la risurrezione del Figlio di Dio, mentre rivelano l'amore di Dio Salvatore, allo stesso tempo rivelano la condizione umana a se stessa»... «Nel rivelare il mistero dell'amore del Padre, Cristo rivela pienamente l'umanità a se stessa e svela l'altissima vocazione di ogni persona»[16]. «Dalla sua

---

[14] Cfr. S. Consolaro, *La Vita Spirituale: Il tuo volto io cerco*, Bovalino Marina, Nicola di Bari 2003, pp. 50-51.

[15] Cfr. G. Iammarrone, «Gesù Cristo rivelazione di Dio e archetipo-modello dell'uomo nella cristologia contemporanea», in G. Iammarrone - G. Odasso - R. Penna - A. Pompei, *Gesù Cristo volto di Dio e volto dell'uomo*, pp. 146-252; P. Coda, "L'uomo nel mistero di Cristo e della Trinità. L'antropologia della *Gaudium et Spes*", in *Lateranum*, 54 (1988), Roma, p. 182, afferma che, anche se la chiave di lettura fondamentale della Gaudium et Spes è un'antropologia colta nella sua origine, nella sua vocazione e nella sua dinamica trinitaria, "il Cristo fonda lo statuto definitivamente cristologico dell'antropologia cristiana, in quanto Verbo Incarnato"; K. Rahner, "La morte di Gesù in croce", in Id., *Elevazione sugli esercizi di S. Ignazio*, Milano, Paoline 1967, p. 375.

[16] Commissione Teologica Internazionale, "Alcune Questioni sulla Teologia della Redenzione, IV.37.46", in *La Civiltà Cattolica*, IV (1995), Roma, pp. 590-592.

pienezza – dice S. Giovanni – noi tutti abbiamo ricevuto e Grazia su Grazia» (Gv 1,16). Questa pienezza di Grazia ci viene donata mediante i Sacramenti. Nel battesimo, che fonda la vita spirituale perché fonda la vita cristiana, per opera dello Spirito Santo veniamo incorporati in Cristo. In lui diveniamo figli di Dio e quindi coeredi con lui della vita eterna nella gloria. La vita spirituale è un cammino con Cristo, dall'esperienza dolorosa e drammatica della lotta in mezzo alle tentazioni nel deserto[17], fino all'esperienza beatificante della contemplazione di Dio sul Tabor. Il Padre chiama ogni anima a percorrere questa strada verso il Monte Santo, per «trasfigurarla»[18] nel proprio Figlio

---

[17] Il deserto è una tappa obbligata nell'itinerario verso Dio. La storia del popolo eletto nel suo peregrinare verso la terra promessa è ciò che deve rivivere ogni anima nel suo spirito e nella sua carne. Solo al termine di questa marcia sarà in grado di offrire, come il popolo di Dio, il sacrificio della lode perfetta. Il deserto è il luogo del totale silenzio, della estrema povertà ridotta all'essenziale, della solitudine, della prova, della tentazione. Ma è proprio nel deserto che Dio trasforma un'orda di povera gente in un popolo santo, il "popolo di Dio". Il deserto è il "luogo" della purificazione per poter incontrare Dio. Un episodio biblico ci illumina sul significato del deserto per incontrare Dio. Il profeta Elia, cercato a morte dall'empia regina Gezabele, fugge nel deserto dove, sfinito, si sente morire (1 Re 19,1-13). Ma Dio non lo abbandona: lo nutre "dall'alto", perché possa camminare fino all'incontro con Lui sul monte della rivelazione, il monte Oreb. Rivelazione che avviene dopo l'esperienza del deserto, che ha reso Elia capace di percepire Dio nel "mormorio di un vento leggero". Elia capì che era il Signore che passava e si coprì il volto con il mantello. Il deserto è la purificazione necessaria attraverso la quale deve passare l'anima per essere in grado di percepire il "leggero mormorio" nel quale il Signore le si rivela. L'uomo non può varcare la soglia del mistero se non a piedi scalzi e profondamente prostrato, come Mosè al roveto ardente (Esodo, cap. 3). S. CONSOLARO, La Vita Spirituale: il tuo volto io cerco, Bovalino Marina, Nicola di Bari 2003, pp. 64-67.

[18] La nube è la Shekinah, la presenza di Yahweh, e a livello letterario è un richiamo alle teofanie dell'Antico Testamento: nel cammino dell'Esodo fu in una nube che Yahweh si rivelò a Mosè (Es 16,6; 19,9; 24,15-16; 32,9); una nube accompagnava i movimenti del popolo (Es 13,21; 40,34-45); una nube riempì il Tempio di Salomone nel momento in cui fu consacrato (1 Re 8,10-12); il misterioso Figlio dell'Uomo, figura divina che simboleggiava il "popolo dei Santi dell'Altissimo", apparve "sulle nubi del cielo" (Dn 7,8.10.13). Una nube avrebbe rivelato l'apparizione escatologica di Dio (2 Mac 2,7-8). L'ombra della nube è ancora un'immagine dell'Antico Testamento che descrive la dimora di Dio in mezzo al suo popolo (Es 40,35). Il fatto che la nube copre anche i discepoli significa che essi non sono solo spettatori, ma vengono coinvolti profondamente nel mistero della glorificazione di Cristo in quanto rappresentanti del nuovo popolo di Dio. La voce che si ode dal cielo, che parla de il mio figlio diletto, esprime una rivelazione della figliolanza divina di Gesù. Come nel racconto del Battesimo di Gesù, la voce allude a Is 42,1 e designa Gesù come il profeta-

(Mt 17,1-8; Mc 9,2-8; Lc 9,28-36). Questo cammino, la vita spirituale cristiana, è fatto di tappe successive: inizia nel momento del battesimo, laddove l'uomo risuscita a vita nuova perché confessa la sua fede quale dono dello Spirito. Attraverso la fede, nasce la progressiva conoscenza di Dio che genera la speranza, riconosciuta quale fine della vita in Cristo. Conseguenza di tutto questo è la nascita nel cuore del cristiano dell'agape, della carità. È proprio così: dalla fede e dalla speranza suscitata da essa, il credente viene a conoscenza di essere amato da Dio a prescindere e senza condizioni, di essere preceduto da questo amore divino anche mentre è peccatore e nemico di Dio. Questa esperienza d'amore, che poi non è altro che Spirito Santo effuso, abilita in un certo senso e spinge il cristiano a rispondere con l'amore. È, dunque, un cammino di responsabilità in cui colui che ascolta (cioè colui che accoglie la Parola di Dio) e che giunge a conoscere Dio, affidandosi a Lui e sperando in Lui, diventa capace di rispondere a Dio amandolo con tutto il cuore, con tutta la mente e con tutte le sue forze e di conseguenza amando il prossimo suo come se stesso: questa è vita cristiana, ma è una vita che è creata e animata in primo luogo dallo Spirito Santo. Il Cammino spirituale dell'uomo che si trova di fronte al Mistero di Cristo è lungo e faticoso. Ma, se è fedele nel seguire lo Spirito Santo che la illumina, la guida, la fortifica, la persona inizia a vedere la propria vita con occhi nuovi: gli occhi della Fede.

5. La prima tappa nella vita spirituale è la purificazione

Il primo passo nella vita spirituale, ed in ogni Cammino di Conversione, è la detestazione della colpa, perché Dio non può abitare nel

---

servo del Signore. Tuttavia in questo contesto le parole, rivolte ai discepoli ai quali era stato fatto da Gesù il primo annuncio della passione, costituiscono l'approvazione divina del ruolo di Gesù come Messia-Servo. Con l'aggiunta Ascoltatelo, non presente nella rivelazione al Giordano, Gesù viene designato come il profeta uguale a Mosè, il cui insegnamento va ascoltato, pena l'esclusione dal popolo di Dio (cfr. Dt 18,15). E difatti subito dopo la voce Mosè ed Elia scompaiono, cedendo il loro posto a Gesù, che rimane solo. Ascoltare Gesù significa comprendere che il cammino della sofferenza è l'unico che porta alla gloria. J.L. MacKenzie, "Il Vangelo secondo Matteo", in *Grande Commentario Biblico*, Brescia, Queriniana 1973, p. 940; E.J. Mally, "Il Vangelo secondo Marco", in *Grande Commentario Biblico*, Brescia, Queriniana 1973, pp. 873-874; C. Stuhlmueller, "Il Vangelo secondo Luca", in Grande *Commentario Biblico*, Brescia, Queriniana 1973, p. 1005.

cuore dove regna il Maligno, ossia dove l'uomo vive in uno stato di ribellione contro di Lui. Alle origini dell'umanità, come ci attesta la Bibbia, il peccato dell'uomo e della donna è stato la causa di tutti gli altri mali, sintetizzati nella morte (cfr. Gen 3). «Come a causa di un solo uomo il peccato è entrato nel mondo e con esso la morte, così anche la morte ha raggiunto tutti gli uomini, perché tutti hanno peccato» (Rm 5,12). In una corretta esposizione della soteriologia cristiana, perciò, non si dovrebbe separare con troppa precisione la grazia di Dio come divinizzazione e santificazione soprannaturale dalla grazia di Dio come perdono della colpa, cioè la grazia originaria di Dio dalla grazia perdonante di Cristo. Certamente esiste una distinzione formale tra divinizzazione indebita e disposizione indebita al perdono per opera di Dio. Però, nell'ordine concreto della salvezza, non solo non esiste perdono unicamente mediante grazia divina, in quanto essa eleva soprannaturalmente, ma è anche senz'altro legittimo supporre due cose. La prima, che pure la grazia divinizzante come tale è data all'inizio *intuitu meritorum Christi*, nella sua qualità di Verbo incarnato, e, quindi, questa diventa grazia che perdona, perché la volontà salvifica di Dio, che fin dal principio mira a Cristo come suo culmine storico, era assolutamente libera fin dall'inizio anche nei confronti del peccato. La seconda, che il peccato, che Dio potrebbe sempre impedire nella creazione, senza danno per la libertà umana, venne permesso da Dio, soltanto come già da sempre superato dalla sua grazia, poiché egli volle dimostrare che il suo assoluto amore personale è vittorioso anche sul no della creatura. Conseguentemente, divinizzazione e perdono sono due momenti praticamente sempre congiunti dell'unica partecipazione di sé al mondo, che Dio elargisce nella grazia increata. La grazia di Dio, all'interno dell'unico corso della storia, abbraccia anche la colpa, e si rivela, in questo modo, come l'amore che è più grande della stessa colpa[19]. Nella vita spirituale, la visione che un'anima ha nei confronti del peccato è direttamente proporzionale al senso che ha di Dio. Chi minimizza il peccato, manifesta praticamente di non prendere sul serio Dio, il suo Mistero di Amore rivelatoci dalla croce, la sua infinita Santità: «Voi sapete che non a prezzo di cose corruttibili, come l'argento e l'oro, foste liberati dalla vostra vuota condotta ereditata dai vostri padri, ma con il sangue prezioso di Cristo, Agnello senza difetti

---

[19] Cfr. K. RAHNER, "Redenzione", in *Sacramentum Mundi*, VI, Brescia, Morcelliana Edizioni 1976, pp. 734-735.

e senza macchia» (1 Pt 1,18-19). Sant'Agostino, nelle pagine immortali delle «Confessioni», ci dà l'esempio più chiaro del cambiamento che opera lo Spirito Santo agli inizi della vita spirituale e agli inizi della conversione di un'anima. In tono umile, penitente e sincero ha espresso, in forma di profonda e accorata preghiera, la «visione» della propria vita di peccato sotto la Luce della Grazia di Dio che gli aveva toccato il cuore:

> Tardi ti ho amato,
> bellezza così antica e così nuova,
> tardi ti ho amato.
> Tu eri dentro di me, e io fuori.
> E là ti cercavo.
> Deforme, mi gettavo
> sulle belle forme delle tue creature.
> Tu eri con me, ma io non ero con te.
> Mi tenevano lontano da te
> quelle creature che non esisterebbero
> se non esistessero in te.
> Mi hai chiamato,
> e il tuo grido ha squarciato la mia sordità.
> Hai mandato un baleno,
> e il tuo splendore
> ha dissipato la mia cecità.
> Hai effuso il tuo profumo;
> l'ho aspirato e ora anelo a te.
> Ti ho gustato,
> e ora ho fame e sete di te.
> Mi hai toccato,
> e ora ardo dal desiderio della tua pace[20].

6. La seconda tappa della vita spirituale è l'illuminazione

C'è crescita solo in una relazione, in risposta a una chiamata, a una parola. Ogni crescita spirituale suppone dunque la familiarità con Cristo, incontrato nella testimonianza dei Vangeli. Lo Spirito nel quale vogliamo crescere è lo Spirito di Gesù: quello che ha abitato in lui, che si è manifestato nelle sue parole, nei suoi gesti, nei suoi atteggiamenti.

---

[20] SANT'AGOSTINO, *Le Confessioni* X, 27.38, Milano, BUR Biblioteca Universale Rizzoli, 2006.

È necessario dunque aver contemplato Gesù, essersi impregnati del suo Spirito a tal punto da poterne vivere quasi naturalmente, discernendo in ogni cosa ciò che Gesù avrebbe detto e fatto. Fin dall'antichità cristiana si fa riferimento alla «illuminazione» ricevuta nel battesimo[21]. Essa introduce i fedeli, iniziati ai divini misteri, alla conoscenza di Cristo mediante la fede che opera per mezzo della carità. Anzi, alcuni scrittori ecclesiastici parlano in modo esplicito dell'illuminazione ricevuta nel battesimo come fondamento di quella sublime conoscenza di Cristo Gesù che viene definita come «teoria» o contemplazione. Agli inizi del cammino spirituale, l'anima viene illuminata soprattutto su due gravi insidie del male, che traggono in inganno e fanno cadere molte persone: la malizia dell'orgoglio, primo vizio capitale che li riassume tutti, e la nefasta seduzione che esercitano il denaro e le ricchezze sul cuore umano. La persona orgogliosa non vive nella verità del proprio essere di creatura, ma si autoinnalza al di sopra di se stessa e al di sopra degli altri, ponendosi di fatto, come i Progenitori, al posto di Dio. L'Apostolo Giovanni smaschera la superbia, come anche gli altri due vizi capitali che maggiormente «tiranneggiano» il cuore dell'uomo: l'avarizia e la lussuria[22]. Questi tre vizi, ai quali l'uomo si abbandona più facilmente, dimenticando il suo rapporto con Dio Creatore e Padre, possono essere sintetizzati concretamente nei tre verbi: potere, avere, godere. Si abitua semplicemente a riconoscerle e a confessarle con umiltà a Dio, riscoprendo gradualmente il Sacramento della Riconciliazione come la Medicina più potente per liberarsi dal male. Nel suo cuore iniziano a risuonare sempre di più le parole consolanti di Gesù rivolte ad ogni peccatore pentito: «Coraggio, figliolo, ti sono rimessi i tuoi peccati» (Mt 9,2). Il combattimento interiore contro i propri affetti disordinati, l'attaccamento al proprio giudizio, l'egoismo, e ogni sorta di peccato che ci allontana da Dio e ci fa perdere la pace e l'amore, viene messo in atto su ispirazione dello Spirito Santo, mediante la preghiera assidua e costante e il sostegno dei sacramenti della confessione e dell'Eucaristia. Ma la preghiera delle preghiere, il gesto dei

---

[21] Nel cammino della vita cristiana alla purificazione segue l'illuminazione mediante l'amore che il Padre ci dona nel Figlio e l'unzione che da Lui riceviamo nello Spirito Santo (cfr. 1 Gv 2,20). J. RATZINGER, *Alcuni aspetti della meditazione cristiana: lettera ai Vescovi della Chiesa cattolica*, Bologna, EDB 1990, n. 21.

[22] Cfr. S. CONSOLARO, *La vita Spirituale: il tuo volto io cerco*, Bovalino Marina, Nicola di Bari 2003, p. 52.

gesti, è la santa Messa, il Sacrificio divino, «fonte e apice di tutta la vita cristiana» (LG 11): «nella Santissima Eucaristia, infatti, è racchiuso tutto il bene spirituale della Chiesa, cioè lo stesso Cristo, nostra Pasqua» (PO 5). Nella partecipazione alla santa Messa offriamo al Padre, insieme al Sacrificio di Cristo, le pene e le gioie della vita, le difficoltà e le speranze, perché tutto acquisti valore per il tempo e per l'eternità. Gesù ci ha lasciato il memoriale del Sacrificio della Croce affinché la nostra vita spirituale possa attingere luce e forza, per imparare così ad amare come Lui ama ciascuno di noi. Prevale l'illuminazione a seconda dell'oggetto che ne è illuminato: l'anima o Dio! A seconda dell'illuminazione dell'oggetto vi sarà una conoscenza dolce o dolorosa. In quella dolorosa l'anima sente di essere rigettata da Dio e ricacciata come abietta nelle tenebre; il corpo partecipa delle ricchezze dell'anima; può essere di istanti o di momenti più lunghi; si ha a volte l'esperienza di Dio nella Sua unità e a volte nelle Sue tre persone; certamente si evolve per tappe che passano dal raccoglimento infuso e dalla quiete ed arriva all'unione trasformante; le tappe intermedie dipendono dal libero agire di Dio; tanto più è avanzata la via spirituale tanto più ogni esperienza mistica è unica ed irripetibile; nell'estasi c'è la sospensione totale o quasi dell'attività dei sensi dell'immaginazione e dell'attività mentale discorsiva; le notti mistiche sono gli stadi in cui l'anima è purificata dai propri difetti in modo da poter raggiungere l'unione mistica con Dio:

> La vita interiore ci rivela i nostri limiti e le nostre negatività. È ricerca di luce ed esperienza di illuminazione, ma dove la luce splende nel fondo delle tenebre. È necessario toccare questo fondo buio di sé per conoscere la luce.... Chi vede la propria ignoranza e la conosce può entrare nella vera sapienza; chi vede i limiti della propria mortalità e temporalità può entrare nella vita; chi vede i propri limiti affettivi può entrare nell'autenticità dell'amore... Allora, questa illuminazione che viene dalla conoscenza delle proprie tenebre appare chiaramente come esperienza di resurrezione: se toccare il fondo del proprio cuore è esperienza di morte, la luce che si intravede è ingresso in una nuova vita. Allora si disvela l'uomo interiore, ovverossia una vita interiore che dà forza, unificazione, pace, serenità, anche nel declinare delle forze e nell'andare verso la morte. Si sia credenti o no, se questa vita interiore è presente, forse si potrà fare della morte un compimento, non una fine. E si potrà dare vita alla propria vita[23].

---

[23] L. MANICARDI, *La vita interiore: dimensioni creative dell'esperienza umana*, Bologna, EDB 2014, p. 72.

7. La terza tappa nella vita spirituale è l'unione con Dio

Il termine dell'itinerario spirituale è l'unione con Dio, che si epiloga nella contemplazione attraverso l'amore, il quale precede come via, accompagna come uno dei costitutivi e termina come frutto della stessa contemplazione: qui l'anima gusta Dio con conoscenza sperimentale, detta anche conoscenza sapienziale, il cui atto è chiamato *sursum actio o excessus mentis, o amor estaticus*[24]. In questo stadio l'anima rivede la sua vita di peccato, ne ha orrore, ma non si dispera, perché sta scoprendo sempre più il volto misericordioso di Dio, che la ama così com'è. Nel colloquio notturno con Nicodemo, che tocca le radici del senso della vita, Gesù dice con molta forza e chiarezza: «In verità, in verità ti dico, se uno non rinasce dall'alto, non può vedere il Regno di Dio... Se uno non nasce da acqua e da Spirito, non può entrare nel Regno di Dio. Quel che è nato dalla carne è carne e quel che è nato dallo Spirito è Spirito» (Gv 3,3-6). L'anima prende coscienza del dono inestimabile ricevuto con il proprio Battesimo, che la eleva ad una dimensione di vita totalmente nuova, rendendola partecipe della vita stessa di Dio. In Cristo, che nel mistero dell'Incarnazione-redenzione, si è fatto puro dono di amore, riscopre il volto e il cuore del Padre. Incarnazione e redenzione non sono due tappe cronologicamente distinte dello stesso evento di Cristo. L'Incarnazione è redentiva per se stessa[25]. La cristologia è anche soteriologia. Il peccato, perciò, ha un ruolo molto secondario nell'opera redentrice del Cristo. L'offerta dell'autocomunicazione divina è necessariamente già un'offerta di perdono e di vittoria sulla colpa e sul peccato. Il perdono non dipende dalla colpa di Adamo ma deriva dallo stesso concetto dell'autocomunicazione che Dio fa di se medesimo[26].

---

[24] Cfr. A. Levasti, *Il misticismo di S. Bonaventura*, Bagnoregio, Centro di Studi Bonaventuriani, pp. 10-13.

[25] Il terzo, guardare e considerare quello che fanno, com'è camminare e darsi da fare perché il Signore venga a nascere in somma povertà e, dopo tante sofferenze di fame, sete, caldo e freddo, ingiurie ed oltraggi, muoia in croce. E tutto questo per me. Poi, riflettendo, ricavare qualche frutto spirituale (EESS 116). Sant'Ignazio di Loyola, *Gli Scritti*, Roma, Edizioni AdP 2007, p. 203.

[26] In fondo, Karl Rahner rigetterebbe il *"pro nobis"* della Croce inteso come espiazione vicaria e ridurrebbe la rivelazione biblica al "caso più felice della necessaria autoesposizione categoriale della rivelazione trascendentale". La sua soteriologia "manca del decisivo momento drammatico; ciò si dimostra anche nel fatto che l'ira

Riscopre anche la verità profonda delle parole di Gesù a Nicodemo: «Quel che è nato dalla carne è carne e quel che è nato dallo Spirito è Spirito». Tra «Carne» e «Spirito», in senso biblico, non vi è alcuna forma di conciliazione. Di fatto San Paolo dice: «Chi semina nella sua carne (vive assecondando i vizi e le passioni), dalla carne raccoglierà corruzione; chi semina nello Spirito, dallo Spirito raccoglierà Vita Eterna» (Gal 6,8). Il discernimento è un'illuminazione che viene da Dio e che mette la persona in grado di vedere attraverso le apparenze esteriori di un'azione o di un'ispirazione per poterne giudicare l'origine. Sia le ispirazioni sia le azioni possono derivare da tre fonti (o «spiriti»): Dio, la persona stessa o il diavolo. Dopo aver fatto il giusto discernimento della fonte, la persona potrà procedere con maggior sapienza in quella situazione. Quando una persona riceve un'ispirazione o si sente sollecitata ad agire, dietro tale attrazione vi è una potenza che ne sta alla base. Essa può essere originata da queste fonti: la persona stessa – per il fatto che l'uomo ha impulsi, desideri, speranze, timori e molti altri sentimenti che lo spronano all'attività; Dio – che cerca sempre di parlare all'uomo, di motivarlo e di guidarlo verso la felicità; gli angeli caduti – che continuano ad essere in relazione con la creazione, anche se sono caduti dalla grazia, e che ora hanno effetti negativi, dannosi e distruttivi[27]. Limitando anche semplicemente la nostra considerazione al discernimento come tempo forte e come esperienza puntuale, dobbiamo operare in esso un'ulteriore distinzione tra il discernimento inteso come intero processo, dinamismo e itinerario spirituale di una concreta decisione per la volontà di Dio ricercata, conosciuta e amata, e il discernimento inteso come tappa particolare e specifica dell'intero itinerario. Il primo comporta il coinvolgimento di tutta la persona; nel secondo sono in gioco soprattutto l'intelletto e tutte le capacità, forze e virtù di carattere piuttosto cognitivo. La vita spirituale non è un'ideologia, non è una morale, ma è un'esperienza, è una vita: la vita nello Spirito e secondo lo Spirito. Anche il riconoscere l'origine della mozione e la qualità di essa, nella misura in cui il discernimento delle mozioni si colloca come operazione spirituale per la crescita e la matu-

---

di Dio è da sempre superata dalla sua volontà di salvezza, la quale è da sempre al di là di ogni no umano contro Dio (in direzione dell'apocatastasi)". H. U. von BALTHASAR, *Teodrammatica, IV, L'azione*, Milano, Jaca Book 1982, pp. 252-263, qui p. 263.

[27] Cfr. J. GARCÍA DE CASTRO, *Diccionario de Espiritualidad Ignaciana (A-F) Vol. I*, Bilbao, Mensajero-Sal Terrae 2007, pp. 607-611.

razione dell'uomo nuovo nello Spirito, in ultima analisi è orientato all'accoglienza o al rifiuto di questa o quella mozione, non semplicemente a una constatazione e percezione di un fatto[28].

La rinascita alla vita nuova avviene – come dice Gesù a Nicodemo – attraverso l'azione dello Spirito Santo. Bisogna ritornare bambini: capire di non sapere niente per poter percepire il più leggero vento dello Spirito inafferrabile, imprevedibile. «Chi ha raccolto il vento nel proprio pugno?» (Prov 30,4). «Come tu ignori quale via segua il vento, così ignori l'opera di Dio» (Qo 11,5). L'anima che è rinata nello Spirito, inizia a vivere una vita nuova, la vita di Cristo risorto. In lei è intervenuta una vera conversione. Incomincia a pensare, a vedere, a giudicare ogni realtà con gli occhi di Dio. Infatti, guidata dallo Spirito Santo, l'anima, con gioioso stupore, va via riscoprendo nella Chiesa la presenza viva di Gesù Crocifisso-Risorto, verbo incarnato dell'Amore del Padre. Così, pur constatando la gravità delle proprie colpe, essa avverte che il Sangue di Cristo la sta «lavando» dal suo peccato. Inizia a stabilire con Lui un contatto sempre più intimo e più vero, soprattutto mediante i Sacramenti della Riconciliazione e dell'Eucarestia. Lo stesso cammino unitario è vissuto nell'Eucaristia dove l'incontro esperienziale come Gesù Via-verità-Vita si fa particolarmente carico di grazia per l'azione sacramentale che viene compiuta. In un primo tempo comincia a percorrere un sentiero di consapevolezza e purificazione che la porta ad entrare nella sua camera (Mt 6,6) e a chiudere le porte (dei sensi, dei pensieri, delle ansie e affanni) per dimorare nel suo essere profondo dove Dio Trinità vive ed opera (Gv 14,23). È l'esperienza di Gesù Via; nel segreto del cuore si incontra con la Verità svelata dalla Parola e da questa si lascia illuminare e sanare. È l'esperienza di Gesù Verità; la Verità liberamente e responsabilmente accolta si trasforma in Vita che si esprime in carità, in comunione, in volontà di bene. È l'esperienza di Gesù Vita, perché è la Vita Nuova che Egli dona[29]. La

---

[28] Cfr. Il titolo che Ignazio di Loyola dà alle Regole del discernimento degli spiriti nei suoi *Esercizi spirituali*: «Regole per sentire e riconoscere in qualche modo le varie mozioni che si producono nell'anima, per *accogliere* le buone e *respingere* le cattive» [313]. SANT'IGNAZIO DI LOYOLA, *Gli Scritti*, Roma, Edizioni AdP 2007, p. 304.

[29] L'anima che si incammina nella meravigliosa avventura della Vita nello Spirito deve sostenere una lotta contro il male, contro se stessa e anche, in un certo senso, contro Dio. La lotta, per così dire, contro Dio avviene, come c'insegna l'episodio di Giacobbe, quando l'anima si dibatte nell'aridità, nel dubbio, nell'oscurità, che le

pratica meditativa diventa così un atto di vero culto spirituale in coerenza con il dinamismo «sacerdotale» del nostro Battesimo. Vissuta insieme, come gruppo di credenti, solidifica l'appartenenza al Signore, rende Chiesa, prepara al Santo Mistero della Cena e aiuta a gustare più profondamente l'Eucaristia. Man mano che persevera, si sente sempre più da Lui amata così com'è, nella sua fragilità, e nello stesso tempo sostenuta e rinnovata nel suo cammino di conversione, difficile ma esaltante. Più fa esperienza della Misericordia senza limiti del Padre, rivelata e donata nel Figlio, più si sente stimolata ad amarlo, restando nell'umiltà, che la rende consapevole della propria miseria. Davide, dopo il peccato commesso, illuminato dallo Spirito Santo, lo esprime molto bene nel Salmo: «Uno spirito contrito è sacrificio a Dio, un cuore affranto e umiliato, Dio, Tu non disprezzi» (Sal 50,19). S. Francesco d'Assisi nel suo «Testamento» puntualizza quest'esperienza della purificazione, dell'illuminazione e dell'unione con Dio:

> Il Signore concesse a me, frate Francesco, d'incominciare così a far penitenza: poiché, essendo io nei peccati, mi sembrava cosa troppo amara vedere i lebbrosi; e il Signore stesso mi condusse tra loro e usai con essi misericordia. E allontanandomi da essi, ciò che mi sembrava amaro mi fu cambiato in dolcezza d'animo e di corpo. E di poi, stetti un poco e uscii dal mondo. E il Signore mi dette tale fede nelle chiese, che io così semplicemente pregavo e dicevo: Ti adoriamo, Signore Gesù Cristo, anche in tutte le tue chiese che sono nel mondo intero e ti benediciamo, perché con la tua santa croce hai redento il mondo. Poi il Signore mi dette e mi dà una così grande fede nei sacerdoti che vivono secondo la forma della santa Chiesa Romana, a motivo del loro ordine, che anche se mi facessero persecuzione, voglio ricorrere proprio a loro. E se io avessi tanta sapienza, quanta ne ebbe Salomone, e mi incontrassi in sacerdoti poverelli di questo mondo, nelle parrocchie in cui dimorano, non voglio predicare contro la loro volontà. E questi e tutti gli altri voglio temere, amare e onorare come i miei signori. E non voglio considerare in loro il peccato, poiché in essi io riconosco il Figlio di Dio e sono miei signori. E faccio questo perché, dello stesso altissimo Figlio di Dio nient'altro vedo

---

procura un'indicibile sofferenza. In quei momenti le sembra veramente che Dio l'abbia abbandonata a se stessa... Invece Lui si è semplicemente nascosto perché essa, attraverso la purificazione della prova, Lo possa ritrovare in un rapporto sempre più diretto e in una dimensione sempre più vera e più profonda. Il modo di uscire vincitori da questa lotta è la preghiera costante e perseverante. S. CONSOLARO, *La Vita Spirituale: il tuo volto io cerco*, Bovalino Marina, Nicola di Bari 2003, pp. 82-84.

corporalmente, in questo mondo, se non il santissimo corpo e il santissimo sangue che essi ricevono ed essi soli amministrano agli altri[30].

Quando, in contesto cristiano, si parla di unione con Dio, di via unitiva, occorre subito precisare che si concepisce questa unione in una prospettiva trinitaria[31]. Si tratta di una unione di tipo sponsale e non fusionale, nel riconoscimento e nel rispetto delle differenze. In seno alla comunione mistica più profonda, Dio resta Dio e l'uomo resta uomo. Come nella comunione perfetta delle persone divine, il Padre rimane Padre e il Figlio, Figlio. Ciò vuol dire che questa unione non deve essere pensata sul tipo della fusione, dell'assorbimento come in altri contesti mistici. È importante sottolinearlo al giorno d'oggi in cui vediamo rinascere, sotto diverse forme, delle mistiche unitive che concepiscono l'unione con Dio solo nell'assorbimento dell'uomo da parte del divino.

---

[30] G. Racca, *Gli scritti di san Francesco*, Assisi, Porziuncola Edizioni 2010, nn. 110-114.

[31] Per accostarsi a quel mistero dell'unione con Dio, che i padri greci chiamavano divinizzazione dell'uomo, e per cogliere con precisione le modalità secondo cui essa si compie, occorre tenere presente anzitutto che l'uomo è essenzialmente creatura, e tale rimane in eterno, cosicché non sarà mai possibile un assorbimento dell'io umano nell'io divino, neanche nei più alti stati di grazia. Si deve però riconoscere che la persona umana è creata "ad immagine e somiglianza" di Dio, e l'archetipo di questa immagine è il Figlio di Dio, nel quale e per il quale siamo stati creati (Cfr. Col 1,16). Ora questo archetipo ci svela il più grande e il più bel mistero cristiano: il Figlio è dall'eternità "altro" rispetto al Padre e tuttavia, nello Spirito santo, è "della stessa sostanza"; di conseguenza, il fatto che ci sia un'alterità non è un male, ma piuttosto il massimo dei beni. C'è alterità in Dio stesso, che è una sola natura in tre persone, e c'è alterità tra Dio e la creatura, che sono per natura differenti. Infine, nella santa eucaristia, come anche negli altri sacramenti – e analogamente nelle sue opere e nelle sue parole – Cristo ci dona se stesso e ci rende partecipi della sua natura divina. http://www.vatican.va/roman_curia/congregations/cfaith/documents/rc_con_cfaith_doc_19891015_meditazione-cristiana_it.html. Cfr. Concilio Vaticano II, Cost. past. *Gaudium et spes*, 19 [*EV* 11 1373]: La ragione più alta della dignità dell'uomo consiste nella sua vocazione alla comunione con Dio. Fin dal suo nascere l'uomo è invitato al dialogo con Dio: non esiste, infatti, se non perché creato per amore da Dio, da lui sempre per amore è conservato, né vive pienamente secondo verità se non lo riconosce liberamente e se non si affida al suo Creatore.

8. Conclusione

Questo «diventare dio secondo la grazia» esprime un dono e una responsabilità, una chiamata e una risposta. Il dono è il Battesimo, la risposta è il cammino del nostro mondo interiore, è il lavoro dell'anima. La vita spirituale è «spirituale» poiché è implicato il nostro spirito immortale con la sua libertà e le sue caratteristiche; è «spirituale» perché è un camminare secondo lo Spirito Santo che abbiamo ricevuto nel Battesimo: «In verità ti dico, se uno non nasce da acqua e da Spirito non può entrare nel Regno di Dio. Quel che è nato da carne è carne e quel che è nato dallo Spirito, è Spirito» (Gv 3,5-6). E San Paolo riprende: «Tutti quelli che sono guidati dallo Spirito costoro sono figli di Dio... E lo Spirito attesta che siamo figli di Dio» (Rom 8,14-16). Ne consegue, da parte dell'uomo, il compito della vita spirituale: «Camminate secondo lo Spirito... se pertanto viviamo dello Spirito, camminiamo anche secondo lo Spirito» (Gal 5,16). Per questo dobbiamo avere fiducia: fiducia nell'azione potente dello Spirito Santo, primo protagonista del nostro itinerario spirituale. Lo Spirito infatti, conoscendo i segreti del Padre, agisce come Spirito santificatore e plasma la vita spirituale secondo la realtà eterna nascosta nel cuore del Padre.

Sacramenti, liturgia, Chiesa?
C'è bisogno?

di Toni Witwer S.J.

Introduzione:
difficoltà dell'avversione verso Dio e la Chiesa

Negli ultimi decenni del secolo scorso, l'ateismo ideologico-combattivo cedeva in misura crescente dinanzi all'ateismo pratico: Dio non era più considerato un ostacolo che impedisce la libertà dell'uomo – e quindi qualcosa contro cui si deve lottare – ma, in una società edonistica e consumista, Dio è semplicemente dimenticato e l'uomo non sente la sua mancanza; l'uomo vive come se Dio non esistesse. La società secolarizzata è una conseguenza dell'ateismo pratico, il frutto dell'ateismo di fatto.

Contro l'ideologia ateista la Chiesa era ancora in grado di argomentare, cosa che risulta molto difficile nel caso dell'ateismo pratico: in tale ambiente la Chiesa appare – per dirlo con un'immagine – come un venditore di ombrelli in un giorno splendido in cui nessuno aspetta la pioggia. Con una parola: si prova a offrire qualcosa che non è richiesto. Perciò rendere testimonianza di Gesù Cristo risulta una sfida maggiore nella misura in cui una società è secolarizzata e la gente non sente più il suo bisogno di redenzione.

Inoltre, negli anni dopo il Concilio Vaticano II, in particolare in seguito alle rivolte studentesche del '68 contro ogni tipo di autorità e, quindi, contro le istituzioni come la Chiesa Cattolica, tra i giovani fedeli si sentiva in modo crescente lo slogan: "Gesù Cristo sì, Chiesa no!". Cioè quei giovani non volevano abbandonare la fede, ma distanziarsi dalla Chiesa percepita soltanto come un'istituzione repressiva.

L'allontanamento dalla Chiesa tuttavia ebbe l'effetto di indebolire progressivamente la loro fede, poiché veniva meno anche il conforto continuo di una comunità ecclesiale, di cui il credente ha bisogno. La conseguenza di questo sviluppo è il grande numero di persone che si considerano "religiose" ma senza o con poca partecipazione alla vita liturgica e sacramentale, cioè non si tratta di "atei" ma di persone che "non praticano la fede cristiana". Vivono come se la Chiesa non esistesse!

Sarebbe però troppo pessimista prendere in considerazione solo le difficoltà menzionate e i problemi esistenti che certamente devono essere affrontati. Ci sono ugualmente da considerare le moltissime persone che vanno regolarmente in Chiesa, partecipano alla liturgia e ricevono i sacramenti, dando così una testimonianza dell'importanza che essi hanno per loro. Rendersi conto del "positivo" che c'è non è solamente importante per avere un'immagine equilibrata della realtà ecclesiale o per non cadere in un pessimismo che paralizza, ma è fondamentale per la fede cristiana stessa. Detto più chiaramente: è decisivo rendersi conto dell'operare potente di Dio negli uomini, nella Chiesa e nel mondo!

Perché? Perché solo le persone sensibili alla presenza di Dio e al suo operare possono riconoscere più profondamente l'importanza della sua presenza nella propria vita e sentire in modo crescente il "bisogno" continuo dell'aiuto di Dio, e solo nella misura in cui vivono della fiducia nell'operare di Dio per mezzo della Chiesa e dei sacramenti, possono diventare in modo crescente testimoni di tale "bisogno" per gli altri. In altre parole: dove non è visto e sentito il "positivo" che l'uomo può trovare nella Chiesa e nella sua liturgia, l'annuncio della forza vivificante dei sacramenti risulta molto difficile.

Conoscere il dono di Dio

Le persone che vanno in Chiesa per partecipare alla liturgia e ricevere i sacramenti sono infatti persone che hanno conosciuto il "dono di Dio" o hanno almeno il presentimento dell'importanza del "dono di Dio", allo stesso modo della Samaritana nel Vangelo di Giovanni. Dopo le parole di Gesù: "Dammi da bere" e la perplessità della donna a causa della richiesta di un Giudeo a una Samaritana, egli le risponde: "Se tu conoscessi il dono di Dio e chi è colui che ti dice: 'Dammi da bere!', tu avresti chiesto a lui ed egli ti avrebbe dato acqua viva" (Gv 4,10). Ciò significa che si può sentire il "bisogno" dei sacramenti, della liturgia e della Chiesa nella misura in cui si è arrivati a una conoscenza del "dono di Dio" e della persona di Gesù Cristo.

Come però conoscere Gesù Cristo, se non nella Chiesa e per mezzo della Chiesa? È la Chiesa come comunità dei credenti che annuncia il Vangelo e dà testimonianza di Gesù Cristo. La fede in Gesù Cristo presuppone l'annuncio, come dice la Lettera ai Romani: "Ora, come invocheranno colui nel quale non hanno creduto? Come crederanno in colui del quale non hanno sentito parlare? Come ne sentiranno parlare senza qualcuno che lo annunci? E come lo annunceranno, se non sono stati inviati? Come sta scritto: Quanto sono belli i piedi di coloro che recano un lieto annuncio di bene!" (Rm 10,14-15). Come è necessario l'annuncio, così c'è "bisogno" della Chiesa!

Tuttavia la conoscenza di Gesù presuppone testimoni, cioè presuppone persone che non sappiano solamente raccontare la vita di Gesù in modo eloquente e ripetere il suo messaggio evangelico, ma che abbiano veramente fiducia in Gesù Cristo. Sono quindi persone che nelle proprie necessità si sono rivolte al Signore e hanno fatto così l'esperienza del suo amore e del suo aiuto potente. La fede è una grazia e significa fiducia in Colui che ci può e ci vuole aiutare ed essere vicino a noi in tutti i momenti di bisogno e di difficoltà.

Sebbene molti fedeli siano poco consapevoli che la fede in Gesù Cristo è una grazia, ciò nonostante essi sono testimoni di questa grazia, proprio manifestando il loro bisogno e chiedendo l'aiuto del Signore. Malgrado la loro fede debole e limitata, essi testimoniano – forse senza rendersi conto di questo fatto – la loro fiducia nell'operare potente di Dio per mezzo della Chiesa e nella presenza del Signore in essa. Sentiamo l'importanza della Chiesa nella misura in cui ci rendiamo conto che dobbiamo tutta la nostra conoscenza di Gesù Cristo alla Chiesa come comunità dei credenti in Lui. Non per caso Ignazio ricorda con le "regole per il retto sentire che dobbiamo avere nella Chiesa militante"[1] l'importanza di lodare ciò che ci viene offerto da Dio per mezzo della Chiesa[2]. In questo modo prova ad approfondire la gratitudine per il "dono della fede" che dobbiamo totalmente a Dio.

La "grazia della fede" – la fiducia in Dio – tuttavia non toglie l'importanza dell'impegno personale "di conoscere intimamente il Signore che per me si è fatto uomo, perché più lo ami e lo segua"[3], anzi ci fa capire la responsabilità di cooperare con la grazia di Dio per conoscerlo sempre meglio e per diventare così in modo crescente testimoni della sua presenza e del suo operare nella Chiesa. Prendere in considerazione la nostra responsabilità e contemplare con gratitudine interio-

---

[1] Cf. *Esercizi spirituali*, n. 352.
[2] Cf. *Esercizi spirituali*, n. 354-363.
[3] Cf. *Esercizi spirituali*, n. 104.

re la grazia di fede ricevuta per mezzo della Chiesa è decisivo, non solo per sentire l'importanza di essa ma anche per far crescere la fiducia nel "dono" che Dio continuamente ci offre per mezzo della sua Chiesa, desiderando che noi lo accettiamo, cioè il "dono del suo amore".

Dio vuole condurci avanti nel cammino della conoscenza di Gesù Cristo per mezzo della Chiesa e offrirci il suo "dono". Dio desidera che reagiamo come la Samaritana che disse: "Signore, dammi quest'acqua, perché io non abbia più sete e non continui a venire qui ad attingere acqua" (cf. Gv 4,15). Nei sacramenti che riceviamo e per mezzo della liturgia che celebriamo, Dio continua ad offrirci "la sorgente d'acqua che zampilla per la vita eterna" (cf. Gv 4,14) e non vuole altro che noi chiediamo con la stessa insistenza della Samaritana: "Dacci il tuo dono". Per mezzo della liturgia e dei sacramenti vuole portarci alla conoscenza sempre più intima di suo Figlio Gesù Cristo che infine disse alla Samaritana: "Sono io, che parlo con te" (Gv 4,26); Dio vuole manifestarsi a noi come l'amore di cui tanto abbiamo bisogno!

La nostra situazione da credenti

Guardando noi stessi e tanti altri credenti, dobbiamo constatare che da una parte siamo "consapevoli" del nostro bisogno dell'aiuto di Dio, ma dall'altra spesso siamo lontani dal chiedere aiuto e dall'avere fiducia solo in Dio. Abbiamo difficoltà a riconoscere e confessare il nostro bisogno e a rivolgerci a Dio nelle nostre necessità. Dobbiamo confessare con le parole del padre del figlio epilettico: "Credo; aiuta la mia incredulità!" (Mc 9,24).

Perciò fino ad oggi Gesù deve piangere anche su di noi, così come pianse sulla città di Gerusalemme dicendo: "Se avessi compreso anche tu, in questo giorno, quello che porta alla pace! Ma ora è stato nascosto ai tuoi occhi" (Lc 19,42). Come Gesù sperava che Gerusalemme finalmente arrivasse a conoscerlo dopo la sua morte e risurrezione, così certamente spera anche per noi che, grazie alla continua contemplazione della sua morte sulla croce e alla fede nella sua risurrezione, arriviamo infine a riconoscerlo intimamente e ad avere piena fiducia in Lui.

Consapevoli della nostra situazione, da credenti dobbiamo domandarci quali siano i fattori in grado di ostacolare la nostra fiducia in Dio e di rendere difficile il credere alla presenza di Dio nella Chiesa e al suo operare per mezzo dei sacramenti. Ciò è importante per trovare i modi che possano aiutarci a cooperare meglio con la grazia di Dio, come pure per capire più chiaramente come Dio stesso ci venga incontro nella nostra debolezza di fede, in particolare per mezzo dell'eucaristia che Gesù ci ha lasciato in eredità e affidato come incarico: "Questo è il mio corpo, che è dato per voi; fate questo in memoria di me" (Lc 22,19).

La convinzione della fattibilità di tutto

Nella società in cui viviamo la fede viene ostacolata e indebolita da diversi fattori che spesso sono collegati e si potenziano a vicenda, condizionando tutto il nostro modo di vivere, inclusa la fede. Come primo e predominante fattore è da menzionare la convinzione che tutto sia fattibile e che l'uomo debba prendere tutto nelle sue mani[4]. Ciò fa nascere l'impressione che Dio non sia necessario e un atteggiamento volto a "salvare la propria vita" invece di perderla, come dice Gesù, "per causa mia e del Vangelo" salvandola (cf. Mc 8,35).

Questa mentalità, che crede e considera tutto fattibile per l'uomo, condiziona in gran parte anche la pratica di fede di molti cristiani, che considerano la fede come qualcosa che è possibile produrre da sè. Sovente la fede è guardata dagli uomini come qualcosa che deve servire alla "realizzazione di se stessi" e viene così ridotta a un semplice mezzo per essere più equilibrati e per salvarsi grazie al proprio impegno. La mentalità della fattibilità caratterizza anche gran parte della vita ecclesiale, sia nei diversi tentativi di alcuni laici attivi che vorrebbero rinnovare la Chiesa secondo le loro idee, sia nella preoccupazione dei rappresentanti della gerarchia che tentano di difendere la Chiesa per mezzo del loro potere. Tutto ciò fa apparire la Chiesa alla gente più come "opera umana" che come "opera di Dio", e così diviene più difficile rendersi conto della presenza e dell'attività di Dio.

La pratica di fede si trova spesso in contrasto con la confessione esterna della fede come dono e grazia, perché manifesta l'atteggiamento di "produrre" la fede con lo sforzo umano, sia tentando di far crescere la propria fede, sia provando ad approfondire la fede in altre persone. Certamente, ciò indica la grande preoccupazione delle persone per la

---

[4] Una presentazione più estesa dei fattori che condizionano la fede si trova in T. Witwer, *Spiritualità sacramentale nella vita quotidiana*. Roma 2006, pp. 115-135.

fede che, a prima vista, appare come collaborazione viva con Dio, ma che, guardando più attentamente, si rivela come il tentativo di voler disporre di Dio.

Questo modo di pensare si ritrova anche in personaggi considerati esemplari per la loro fede come Sant'Ignazio di Loyola, che tentava di perfezionarsi facendo molte ore di preghiera, atti di penitenza e digiuni. Tutti questi comportamenti, di per sé certamente validi e meritevoli, non lo aiutarono a liberarsi delle sue tentazioni; solo l'esperienza della sua impotenza e della misericordia del Signore poteva liberarlo dai suoi scrupoli e dall'inquietudine per il proprio cammino di fede. Perciò Ignazio confessa nell'Autobiografia che prima di questa esperienza di grazia era "senza alcuna penetrazione delle cose interiori dello spirito"[5], ma "in questo periodo Dio si comportava con lui come fa un maestro di scuola con un bambino: gli insegnava"[6].

Questa mentalità della fattibilità di tutto si manifesta nelle situazioni in cui invitiamo gli altri con consigli ed esortazioni a "fare" la loro fede per mezzo di esercizi ascetici e così via, spingendoli a un "modo di fare" auto-liberatorio, invece di aiutarli a conquistare una fiducia più profonda in Dio e un'obbedienza più autentica nei Suoi confronti.

Neanche la liturgia è stata risparmiata da questa mentalità: per mezzo di una nuova forma esteriore data all'Eucaristia dopo il Concilio Vaticano II si è provato a riempire le chiese, ma senza successo. E' cresciuta progressivamente una certa superficialità nella comprensione dell'Eucaristia, e questo per un semplice motivo: mettendo in rilievo soprattutto la "forma" esteriore dell'Eucaristia, quasi inevitabilmente il suo "contenuto" – la celebrazione della morte e risurrezione del Signore – passava in seconda linea.

La mancanza di rapporti profondi

La tendenza a prendere la vita nelle proprie mani, che nasce o si approfondisce a partire dalla convinzione della fattibilità di tutto con mezzi umani, porta con sé anche la mancanza di rapporti profondi: l'uomo non vuole dipendere da nessuno, né avere bisogno degli altri.

---

[5] Cf. Ignazio di Loyola, *Autobiografia*, n. 20.
[6] Cf. *ibid.*, n. 27.

L'atteggiamento dell'uomo verso l'altro è: "Non ho bisogno di te!", o "Non hai nessuna importanza per me!", o "Lasciami in pace, non vorrei vederti più!" e così via. A causa di questo atteggiamento egoistico l'altra persona diviene facilmente un "oggetto scambiabile".

La preoccupazione eccessiva dell'uomo per se stesso rende difficile non solo la relazione con l'altro, ma indebolisce anche la sua disposizione ad essergli fedele. L'egoista valuta le persone secondo la loro utilità, l'amore invece è "orientato verso la persona", con la conseguenza che le cose vengono poste al servizio dell'altro. L'egoismo si manifesta nel "dimenticare e trascurare le piccole cose", perché si ha difficoltà a stimare queste cose semplici e quotidiane e a rallegrarsi di esse; non si è capaci di una gratitudine vera e profonda.

L'atteggiamento egoistico non è qualcosa di voluto e ricercato dall'uomo, ma deriva dalla preoccupazione per la sua vita e rende difficile l'approfondimento della relazione con Dio. Per esempio si trascura la preghiera e altri esercizi spirituali, perché non si sente davvero la loro importanza; si è convinti che tante altre cose siano più importanti, più urgenti e più soddisfacenti. Cioè non si possono attribuire le difficoltà rispetto alla fedeltà nella preghiera unicamente ad una mancanza di volontà, ma esse derivano dal fatto che manca l'esperienza profonda dell'amore di Dio.

La difficoltà di vivere rapporti profondi produce nella Chiesa molti "fuochi di paglia", che si spengono facilmente e non danno molto calore per riscaldarsi veramente; le vocazioni come "fuochi durevoli" invece sono abbastanza rare. Ciò significa che ci sono molte persone disposte a impegnarsi per la Chiesa e a prestare diversi servizi certamente molto utili ed importanti per essa, ma la maggioranza di questa gente ha grandi difficoltà a legarsi strettamente alla Chiesa e a obbligarsi per tutta la vita. Sono persone che spesso lavorano con grande entusiasmo nella Chiesa e per la Chiesa, se hanno l'impressione che questa vada nella direzione in cui anche loro vogliono andare, ma d'altra parte non hanno nessuna difficoltà ad allontanarsi dalla Chiesa e a lasciare il loro servizio se non sentono la loro opinione condivisa dai responsabili della gerarchia.

Senza fiducia non è possibile un rapporto vero e profondo. La mancanza di rapporti profondi con la Chiesa e con Dio comporta una diminuzione della conoscenza della fede, per cui la gente ha sempre più difficoltà ad avere fiducia in Dio e nella Chiesa. Di conseguenza, decidere per Dio e per una vita religiosa nella Chiesa risulta sempre più difficile. L'indugio e l'incertezza di molti giovani rispetto a una tale decisione di vita e il continuo rinviarla non indicano la precisa volontà di non prenderla, ma esprimono in realtà l'incapacità di prendere una decisione, semplicemente perché non hanno fiducia.

L'uomo insicuro e disorientato

La poca fiducia in Dio e nelle altre persone produce ancora un altro aspetto fondamentale: il diffuso "disorientamento" dovuto all'immensità e alla complessità del mondo in cui l'uomo vive, che lo rende "insicuro". In questa situazione di vita egli si sente piccolo e dipendente e ha difficoltà a riconoscere il suo giusto posto e a sentirsi a casa. L'uomo "soffre" la sua debolezza, poiché si sente estraneo ad una realtà che non comprende e non riesce a concepire come cambiare e trasformare il mondo in cui si trova a vivere.

In questa situazione l'uomo si sente minacciato esistenzialmente, egli è tentato di rimuovere quanto più possibile l'idea di non essere in grado di cambiare lo stato delle cose e che tali cambiamenti richiederebbero necessariamente una cooperazione con gli altri. Per una persona che vuole credere che tutto sia umanamente fattibile e che non vuole essere dipendente dagli altri, ciò rappresenta una situazione alla quale sottrarsi. Tale tendenza alla fuga costituisce la base per l'emergere di forme diverse di fondamentalismo che semplificano la realtà a scapito della verità, offrendo soluzioni apparentemente non complicate e rapidamente perseguibili.

Il clima di mancanza di punti di orientamento e la conseguente insicurezza hanno pervaso anche la Chiesa. Molti responsabili nella Chiesa si sentono insicuri e cercano "soluzioni diplomatiche", così come fece Pilato lavandosene le mani e dicendo: "Non sono responsabile di questo sangue; vedetevela voi!" (Mt 27,24). Ci sono però anche le richieste da parte dei fedeli che rispecchiano la loro debolezza e le loro perplessità, il loro disorientamento e la loro insicurezza.

Qualcosa di questo disorientamento e di questa insicurezza è presente in tutti noi! Abbiamo bisogno di orientamento e di ricevere conferma e affetto per diventare più sicuri! Considerando la situazione e la pratica di fede dei singoli cristiani, possiamo constatare che il disorientamento si esprime spesso in un desiderio ardente di trovare sicurezza e chiarezza attraverso la vita spirituale. Pertanto si cerca aiuto per il discernimento degli spiriti, però non lo si chiede con il desiderio profondo di cercare la volontà di Dio e di vivere una fiducia più grande in Lui, ma piuttosto per raggiungere una maggiore "sicurezza personale". Cioè si prova a prendere la vita nelle proprie mani invece di perderla e si cerca invano una sicurezza terrena, piuttosto che ricevere in dono quella vera sicurezza che deriva dal rapporto con Dio.

La repressione della realtà del peccato

La menzionata insicurezza e il disorientamento rendono l'uomo sempre più incapace di accettare se stesso e a volte gli impediscono di stimare la propria vita, portandolo sempre più vicino alla disperazione. Quindi, per autodifesa e per vincere la paura di affondare con la sua vita, l'uomo reprime la sua debolezza e ignora la realtà della colpa e del peccato.

La repressione della realtà del peccato è manifesta nella società come anche nella Chiesa. Nella società tutto ciò che ricorda la debolezza e la transitorietà della vita umana viene nascosto per quanto possibile: gli handicappati, i malati terminali e così via; e riguardo ai diversi problemi si cerca di trovare altri "responsabili" (immigrati, rifugiati, etc.) invece di ammettere la propria colpevolezza. È molto più facile parlare della "chiesa peccatrice" in genere che parlare dei suoi "peccati" concreti, e forse ancora più difficile è confessare che la Chiesa sbaglierà anche in avvenire!

Se la colpa e il peccato o il bisogno di redenzione vengono repressi, sarà difficile sentire la redenzione! Certamente l'uomo vorrebbe sperimentarla, ma a causa della repressione egli si difende proprio da ciò che desidera! La redenzione e la misericordia possono essere sentite solo da coloro che si riconoscono e si confessano bisognosi e colpevoli. Quindi in una società che rimuove continuamente tutto ciò che è negativo perché "questo non dovrebbe esistere", diminuiscono le situazioni in cui l'uomo può incontrare una persona che vive nei suoi confronti l'atteggiamento che ha vissuto Gesù verso i peccatori, cioè incontrare qualcuno che gli dica: "Non avere paura! Coraggio, figliolo, ti sono rimessi i peccati! Comincia di nuovo! Va' e d'ora in poi non peccare più!" e così via.

Proprio la mentalità della fattibilità di tutto, così come era presente nei farisei, spinge molto di più ad accusare e a giudicare l'altro a causa della sua colpa e delle sue mancanze invece di perdonarlo. In questo modo l'uomo non riceve l'incoraggiamento necessario, ma rimane solo con la sua debolezza e demoralizzazione. Perché soltanto l'incoraggiamento lo rende capace di subire le conseguenze del suo agire.

Qual è l'incoraggiamento che Gesù offre all'uomo in tali difficoltà? Qual è la risposta di Dio a questi problemi? I fattori menzionati che rendono difficile ammettere il nostro "bisogno" della Chiesa e dei sacramenti non sono caratteristici solo del nostro tempo, ma sono in fondo le difficoltà dell'uomo di ogni tempo e, quindi, anche del tempo di Gesù. Sono conseguenze della tentazione continua dell'uomo di prendere la vita nelle proprie mani – di voler "salvare la sua vita" – e così l'uomo si mette in una situazione minacciosa e nefasta poiché distrugge proprio ciò che sta cercando.

La risposta di Dio a queste difficoltà dell'uomo: l'offerta del Suo amore

La risposta di Dio a questa situazione del mondo attuale è quella che Gesù ha dato già all'inizio della Sua predicazione: "Il tempo è compiuto e il regno di Dio è vicino; convertitevi e credete al vangelo" (Mc 1,15). Dio si dimostra vicino all'uomo e lo invita ad affidarsi al Suo amore e alla sua misericordia[7]. Tutta la predicazione di Gesù è un'espressione del Suo continuo sforzo di rendere gli uomini capaci di vedere e sentire l'agire di Dio e di sperimentare il Suo amore, pregandoli di affidarsi a questo. Gesù rivela agli uomini l'amore di Dio – "il regno di Dio è vicino" – e li aiuta a rivolgersi a questo amore – "convertitevi e credete al vangelo".

La via per far conoscere agli uomini l'amore di Dio culmina nella passione di Gesù, culmina nel dare la sua vita per noi. Non sono i miracoli e le guarigioni che esprimono la grandezza dell'amore di Cristo, ma proprio la sua umiliazione più estrema, cioè il sacrificare la Sua vita per gli altri. La passione di Gesù Cristo però deve essere accettata e sentita nella fede, perché solamente così può essere riconosciuta come la rivelazione più grande e più profonda del Suo amore, altrimenti

[7] Un'esposizione più estesa sulla "risposta di Dio" si trova in T. Witwer, *Spiritualità sacramentale nella vita quotidiana*. Roma 2006, pp. 135-142.

rimarrà sempre qualcosa di incomprensibile e qualcosa da cui l'uomo si sente minacciato.

Senza la fede, la passione e la morte di Gesù sulla croce saranno sempre motivo di paura e di preoccupazione, di incomprensione e di disprezzo, e perciò vale sempre quello che San Paolo ricorda ai Corinzi: "E mentre i Giudei chiedono i miracoli e i Greci la sapienza, noi predichiamo Cristo crocifisso, scandalo per i Giudei, stoltezza per i pagani; ma per coloro che sono chiamati, sia Giudei che Greci, predichiamo Cristo potenza di Dio e sapienza di Dio. Perché ciò che è stoltezza di Dio è più sapiente degli uomini, e ciò che è debolezza di Dio è più forte degli uomini" (1 Cor 1,22-25). Ogni rinnovamento religioso nella storia della Chiesa ha avuto origine dalla riflessione approfondita sulla croce e dalla contemplazione della passione di Gesù.

La contemplazione della passione di Gesù – per esempio pregando la Via Crucis – deve essere mossa dal desiderio di sentire la presenza di Dio e di capire così qualcosa di più sul grande mistero dell'amore di Dio per noi. In altre parole, la Via Crucis deve sensibilizzare su quello che Sant'Ignazio indica negli Esercizi: "Considero che la divinità si nasconde; infatti potrebbe annientare i suoi nemici e non lo fa, e lascia che la santissima umanità soffra tanto crudelmente"[8]. Perciò una Via Crucis che non inviti a contemplare le sofferenze di Gesù davvero come "segni del suo amore", limitandosi solamente al loro livello umano, inevitabilmente rimane superficiale.

L'esperienza dell'amore di Dio non è da conseguire solamente con l'impegno umano, ma ha bisogno della Sua grazia – perché solo tramite questa grazia i discepoli diventarono capaci di riconoscere nel Signore risorto il Signore crocifisso e di comprendere e di accettare sempre più profondamente il mistero della croce. La necessità della grazia di Dio però non può essere un motivo per considerare poco importante il modo di contemplare la Via Crucis! Poiché soltanto cercando i "segni dell'amore" del Signore, l'uomo si apre a quella grazia e coopera con Dio che vuole rivelare e far sentire il Suo amore.

L'esperienza dell'amore di Dio, contemplando la passione di Gesù Cristo, è la chiave per poter superare le difficoltà prima menzionate, perché solo l'amore sentito e riconosciuto ci fa crescere nella fiducia. Ci libera dalla preoccupazione per noi stessi e dall'impressione di dover e poter fare tutto con le nostre limitate capacità umane, cosa che ci

---

[8] Cf. *Esercizi spirituali*, n. 196.

scoraggia. La contemplazione dell'amore manifestatosi sulla croce – nell'offerta della Sua vita per noi – ci rende più sicuri e ci aiuta a sentire in modo crescente la presenza incessante di Dio con noi. A causa della libertà interiore ritrovata grazie all'esperienza del Suo amore redentore, non ci sentiamo più costretti a nascondere i nostri limiti, difetti e peccati, ma siamo in grado di affidarci più profondamente alla Sua misericordia e di seguire davvero in modo crescente il Signore crocifisso. Cioè abbiamo "bisogno" dell'amore del Signore crocifisso affinché ci liberi da tutti quei fattori che ostacolano la nostra vita – e nella misura in cui ammettiamo tale "bisogno" cominciamo a riconoscere il nostro "bisogno" dei sacramenti e degli aiuti che Dio ci offre per mezzo della Sua Chiesa.

L'Eucaristia – contemplazione dell'amore crocifisso

Il sacrificio della Sua vita, che si contempla nella passione e nella morte sulla croce, è stato anticipato da Gesù nell'ultima cena – qualcosa che in fondo i Suoi discepoli compresero solo dopo la Sua morte. Nell'ultima cena stessa, molte delle parole di Cristo rivolte agli apostoli erano difficili da capire, e inizialmente era ancora più incomprensibile la Sua morte sulla croce. Però nonostante la loro incomprensione, Gesù offrì questa cena ai discepoli come segno e ricordo permanente del Suo amore: "Fate questo in memoria di me" (Lc 22,19).

L'Eucaristia è il "banchetto", al quale Gesù ci invita per offrirci se stesso in dono, ma anche per renderci capaci di riconoscere in questa celebrazione il Suo "sacrificio" sulla croce e per farci comprendere e sentire più profondamente il Suo amore. Così, la forma esteriore dell'Eucaristia è il "banchetto", mentre il mistero interiore è il "sacrificio" di Gesù – il sacrificio della Sua vita per noi uomini peccatori. Nella misura in cui l'Eucaristia è vista e sentita dai credenti solo come un "banchetto", la loro attenzione si limita alla forma esteriore dell'Eucaristia, e quindi la sua fecondità sarà ben poca!

La "forma" della liturgia certamente ha la sua importanza per aiutare i credenti ad approfondire il loro rapporto con essa, ma ciò nonostante la "forma" è al servizio del "contenuto" e corrisponde alla "composizione del luogo" nelle meditazioni degli Esercizi Spirituali[9]. Come

---

[9] Cf. *Esercizi spirituali*, n. 47, 91, 103, 112, 138, etc.

la "composizione del luogo" serve all'esercitante nella sua preparazione interiore riguardo alla pericope da meditare, così anche la "forma" della liturgia non deve servire soltanto a rendere più bella una decorazione, ma deve aiutare i credenti a vedere più chiaramente il mistero dell'amore che si celebra, a sentirlo più profondamente e a lasciarsi "formare" da questo mistero – proprio nel senso espresso da Sant'Ignazio nel terzo preludio, quando domando quello che voglio: "domandare di conoscere intimamente il Signore... perché più lo ami e lo segua"[10].

Interpretando l'Eucaristia soltanto come un "banchetto", cresce l'impressione che questa celebrazione sia "fattibile" dai credenti stessi. La conseguenza è che anche formulazioni di per sé giuste, come per esempio quella della "comunità celebrante", diventino facilmente ambigue ed equivoche. Questo malinteso può spingersi a tal punto che la "comunità celebrante" crede di poter rinunciare al sacerdote perché essa stessa sta "celebrando" l'Eucaristia, qualcosa che modifica necessariamente anche il ruolo e la missione attribuiti al sacerdote stesso poiché non è più considerato come colui che agisce "*in persona Christi*" – e se Cristo non è sentito e creduto presente, anche il sacerdote come "ministro di Cristo" diviene superfluo.

Intendendo l'Eucaristia invece veramente come il "mistero dell'amore di Dio", la gente gradualmente si rende conto che la comunità non può disporre dell'Eucaristia e che questa non si trova nelle sue mani! L'amore come dono non è mai "fattibile" e non si può ottenere con la forza; l'amore come dono si può soltanto chiedere e ricevere in completa umiltà. Questa convinzione interiore, per cui l'Eucaristia non è "fattibile" da noi, ha delle conseguenze sia per la comprensione del sacerdote stesso sia per l'esperienza della comunità che celebra con lui l'Eucaristia. Il sacerdote non può far altro che pregare soltanto e sempre di nuovo nella "*epiklesi*" – nell'invocazione dello Spirito Santo – che Dio stesso realizzi il mistero del Suo amore, affinché possiamo essere trasformati da questo. In modo simile, anche la comunità che celebra con il sacerdote si renderà conto che l'Eucaristia è per tutti noi il dono della presenza di Dio tra noi.

La fede in Dio e la fede in Gesù Cristo dipendono dall'esperienza viva del loro amore così come la fiducia in loro e l'esperienza della redenzione – e quindi dipendono da ciò che celebriamo nell'Eucari-

---

[10] Cf. *Esercizi spirituali*, n. 104.

stia. L'Eucaristia non è soltanto uno dei tanti strumenti per la crescita della vita spirituale che può facilmente essere sostituito con altre pratiche religiose, ma è essenziale per tutta la nostra relazione con Dio.

Dobbiamo aiutare le persone, affinché ammettano il loro bisogno di amore e riconoscano che Dio ci offre questo amore tramite l'Eucaristia. Se celebriamo l'Eucaristia riconoscendo e confessando il nostro bisogno profondo di questo amore – con l'intenzione ferma di contemplare nell'Eucaristia l'amore del Signore, crocifisso per noi e per i nostri peccati, e di comprendere questo amore come l'incarico di seguire l'esempio del Suo amore – l'Eucaristia non sarà solamente la celebrazione in cui, come crediamo, Dio "trasforma" i nostri doni del pane e del vino nel Suo corpo e nel Suo sangue, ma diventerà la celebrazione per mezzo della quale Dio "trasformerà" gradualmente anche noi stessi e ci farà uomini sempre più "conformi all'immagine del Figlio Suo" (cf. Rm 8,29).

L'Eucaristia può vincere le nostre difficoltà

Celebrata l'Eucaristia in tal modo, essa diventerà la fonte da cui attingiamo per le nostre necessità, causate dai diversi problemi che ci condizionano e rendono anche difficile la nostra relazione con l'Eucaristia stessa. Sarà la fonte che fornisce la nostra vita della libertà perduta a causa del peccato, restituendoci quella libertà che sola può regalare l'amore.

In primo luogo l'Eucaristia ci può liberare dalla "mentalità della fattibilità di tutto", perché ci ricorda continuamente che l'amore e l'essere amati non sono "fattibili" e neanche ottenibili con la coercizione; essa ci ricorda che l'amore e l'esperienza di essere amati sono e rimangono sempre un dono gratuito, sebbene allo stesso momento possiamo sentirci dipendenti da essi. Ma a causa della nostra dipendenza umana e totale dall'esperienza dell'amore, non acquistiamo né il diritto di essere amati né la possibilità reale di costringere un altro ad amarci; l'amore sperimentato rimane sempre un dono e una grazia!

In secondo luogo l'Eucaristia può insegnarci la vera "solidarietà" e renderci capaci di vivere rapporti buoni e profondi con le altre persone, se siamo in grado giorno per giorno di ricevere la grazia della "disposizione eucaristica" – cioè la grazia di poter sacrificare la propria vita e di vivere veramente per gli altri – pregando affinché questa divenga sempre più una realtà nella nostra vita e nel nostro operare.

La "disposizione eucaristica", però, non è richiesta soltanto nell'Eucaristia stessa e nella preghiera, ma deve essere cercata anche in tutte le nostre occupazioni e in tutti i nostri incontri con gli altri. In questo modo Dio compirà in noi ciò che cerchiamo di vivere, malgrado tutta la nostra debolezza umana e seguendo l'esempio del Suo amore!

Se la nostra vita è indirizzata veramente all'Eucaristia, la nostra esistenza riceverà un "orientamento" non nel senso che il futuro ci apparirà chiaro, ma piuttosto nel senso che l'esperienza dell'amore contemplato nell'Eucaristia ci libererà dalla preoccupazione per il nostro futuro. Cioè, l'Eucaristia ci aiuterà a lasciarci guidare fiduciosamente da Dio sulla via dell'amore e del sacrificio di se stessi e proprio così ci restituirà la sicurezza che proviene dall'amore – la sicurezza del bambino che si sente protetto dall'amore di sua madre!

Infine l'Eucaristia può trasformare la nostra vita anche nel senso che essa può toglierci la paura della nostra debolezza e della nostra colpa. L'Eucaristia ci solleva e ci incoraggia, perché l'Eucaristia è in fondo la parola di Dio al peccatore: "Coraggio, figliolo, ti sono rimessi i tuoi peccati! D'ora in poi non peccare più!..." (cf. Mt 9,2 e Gv 8,11). L'Eucaristia ci condurrà verso l'esperienza spirituale e verso quella convinzione profonda che ha confessato San Paolo dicendo: "Egli mi ha detto: 'Ti basta la mia grazia; la forza infatti si manifesta pienamente nella debolezza'. Mi vanterò quindi ben volentieri delle mie debolezze, perché dimori in me la potenza di Cristo" (2 Cor 12,9).

Conclusione

Gesù si rivolge a noi come alla Samaritana: "Se tu conoscessi il dono di Dio e chi è colui che ti dice: 'Dammi da bere!', tu avresti chiesto a lui ed egli ti avrebbe dato acqua viva" (Gv 4,10), desiderando che la nostra conoscenza dell'Eucaristia – del "dono di Dio" – sia tale da farci chiedere con insistenza quell'acqua viva che zampilla dall'Eucaristia e dagli altri sacramenti per fare ogni giorno di nuovo l'esperienza del Suo amore infinito. Poi, la domanda retorica riguardo al "bisogno" dei sacramenti, della liturgia e della Chiesa trova risposta nell'esperienza personale – cioè nella conoscenza del Signore che ci chiede: "Dammi da bere!" – e sarà l'umile confessione: "Senza di te non posso far nulla" (cf. Gv 15,5) e, come dice San Paolo ai Filippesi: "Tutto posso in colui che mi dà la forza" (Fil 4,13).

Perciò ho sottolineato che l'Eucaristia è la risposta di Dio alle necessità di ogni tempo e quindi anche alle necessità del nostro tempo, ai bisogni dell'uomo e alla nostra personale necessità! Tuttavia dipende da noi cercare di accogliere questa risposta nella fede e attingere da essa. Dipende da noi attingere giorno per giorno da questa fonte dell'amore, affinché tramite la nostra esperienza personale possiamo annunciare questa sorgente d'amore anche agli altri e testimoniare così l'amore di Dio – rendendo gli altri partecipi della nostra vita mediante queste parole: "Il regno di Dio è vicino; convertitevi e credete al vangelo"!

Iniziazione pratica alla preghiera e discernimento

di Paul Rolphy Pinto S.J.

Questo contributo si distingue dagli altri: ciò che mi è stato richiesto è una applicazione "pratica" della preghiera.[1] Dopo una breve introduzione, dividerò gli argomenti trattati in tre parti: 1. Preghiera; 2. Preghiera e discernimento; 3. Discernimento.

Introduzione

La relazione è iniziata con la visione di un breve filmato,[2] che mostra come un fanciullo monaco buddhista cerchi suo malgrado di rimanere sveglio durante la recitazione, da un libro, di una interminabile preghiera. Ciò che emerge è la lotta di un principiante alle prime armi nella preghiera. L'avvio divertente prende corpo e forma con le parole di papa Francesco pronunciate nell'omelia in occasione della canonizzazione di "Cura Brochero" ed altri:

> Pregare non è rifugiarsi in un mondo ideale, non è evadere in una falsa quiete egoistica. Al contrario, pregare è lottare e lasciare che anche lo Spirito Santo preghi in noi. [...] I Santi sono uomini e donne che entrano fino in fondo nel mistero della preghiera. Uomini e donne che lottano con la preghiera, lasciando pregare e lottare in loro lo Spirito Santo; lottano fino al limite, con tutte le loro forze, e vincono, ma non da soli: il Signore vince in loro e con loro.[3]

Dalle parole del santo Padre si evince come vi sia una lotta della preghiera e nella preghiera per tutti i credenti, anche i santi sono uo-

---

[1] La relazione è stata presentata al termine di una serie di interventi tenuti al centro di spiritualità Ignaziana dinanzi a un pubblico eterogeneo composto da studenti, professori, laici impegnati nella formazione e/o interessati a vario titolo. Non tutti con la stessa esperienza di vita spirituale.

[2] https://www.youtube.com/watch?v=rdETA6CF7n8. Accesso 27.11.2016

[3] Il 16 ottobre 2016, http://it.radiovaticana.va/news/2016/10/15/domenica_il_papa_proclama_sette_nuovi_santi/1265337. Accesso 27.11.2016

mini e donne che lottano. Chi persevera nella lotta si rende conto che
è lo Spirito Santo a pregare.

1. Preghiera

1.1. *Dire la preghiera e fare la preghiera*

Questa conferenza non è su cosa sia la preghiera. Tuttavia, per
evitare inutili fraintendimenti si riporta la definizione del Catechismo
della Chiesa Cattolica sulla preghiera ripresa da Santa Teresa di Gesù
Bambino e Giovanni Damasceno: "Per me la *preghiera* è uno slancio
del cuore, è un semplice sguardo gettato verso il cielo, è un grido di
riconoscenza e di amore nella prova come nella gioia" (CCC 2558).
"La preghiera è l'elevazione dell'anima a Dio o la domanda a Dio di
beni convenienti" (CCC 2559).

È necessario distinguere la maturità fisica da quella spirituale. Non
sempre coincidono! Difatti quando eravamo bambini ci hanno fatto
imparare a memoria le preghiere, e noi le recitavamo. A volte può suc-
cedere che cresciamo con l'idea che recitare una preghiera a memoria
sia pregare. Continuare solo a recitare le preghiere imparate da bambini quando si è adulti è come cercare di calzare le scarpe di quando
eravamo piccoli. Per gli adulti, scarpe da adulti! *Dire* le preghiere non
è sempre *pregare*. Le preghiere composte da qualcun altro possono
suscitare in noi preghiere che diventano nostre. Quindi il dire le preghiere può diventare esso stesso la preghiera. Ad. es. Secondo modo
di pregare negli *Esercizi Spirituali* [249], commento al *Pater Noster* di
Santa Teresa di Gesù, *Cammino di Perfezione* C 24ss.

1.2. *Primo passo*

Il primo passo è rendersi conto del desiderio di Dio che è in noi.
Esso è sovreminente rispetto agli altri ma non è così semplice scoprirlo
subito. Se analizziamo il nostro "cuore", troviamo che non è mai privo di
desideri. In nessun momento la mente cessa di pensare e ad ogni pensiero è legato qualche desiderio. Nasconde in esso il desiderio di Dio che è
l'ultimo desiderio dell'uomo. Così confessava Agostino: "Ci hai fatti per
te, o Signore, e il nostro cuore non ha posa finché non riposa in te"[4].

---

[4] Confess. 1, 1, 1. Disponibile a http://www.augustinus.it/italiano/confessioni/
index2.htm. Accesso 27.11.2016

O come affermava San Giovanni Paolo II in una sua udienza citando Pascal: "Consolati, tu non mi cercheresti, se non mi avessi già trovato".[5] Queste citazioni evidenziano la dimensione profondamente spirituale dell'uomo e della donna.

Solo quando nasce in noi la consapevolezza del desiderio di Dio, si inizia il cammino spirituale. A tal riguardo si narra questa bella favola. In India, si considera indispensabile l'aiuto di un *guru* per arrivare alla salvezza (*mokṣa*). Un uomo che cercava Dio seguiva un *guru* ogni mattina quando questi faceva la sua purificazione e le oblazioni nel fiume prima di entrare nel tempio. "Voglio trovare Dio", diceva l'uomo, il *guru* però non ci faceva caso. Ma l'uomo persevera, giorno dopo giorno. Finalmente un giorno il *guru* prende l'uomo per la testa e lo spinge dentro l'acqua, tenendolo giù, quasi affogandolo. L'uomo, resistendo con tutta la sua forza, riesce a uscire fuori e protesta dicendo: "Cosa vuoi fare? Ammazzarmi?". Risponde il *guru*: "Quando desideri Dio come hai desiderato l'aria per respirare, allora, troverai Dio".

Nella nostra società secolarizzata Dio sembra assente. Nella prima relazione di questa serie di interventi il P. Rossano Zas Friz De Col ha illustrato la storia dell'avvento della secolarizzazione e nel contempo ha affermato che nell'epoca postmoderna l'uomo cerca di dare un senso spirituale alla sua esistenza. In questo contesto la prospettiva ipotizzata da P. Zas Friz era quella di costruire un ponte fra quel desiderio umano di Dio e le verità dottrinali della fede cristiana.[6] In questo quadro la domanda che viene esplicitata è come sia possibile tematizzare (rendere conto di) ciò che è atematico (latente o non evidente). Questo mi fa ricordare l'esperienza vissuta da bambino di come accendevano il fuoco la mattina presto le donne della mia casa. Nel focolare si *vedevano* solo le ceneri. Ma pensare che fossero solo le ceneri sarebbe uno sbaglio. Soffiavano forte sulle ceneri e pian piano si scopriva la brace ancora viva. Il nero si trasformava in rosso ambrato e cominciava ad ardere la fiamma.

1.3. *Fare silenzio*

Quali sono le ceneri che coprono il fuoco del nostro desiderio? Siamo circondanti dai rumori, esterni ed interni. Viviamo immersi in

---

[5] Pascal, *Pensées*, 553: "Il mistero di Gesù".
[6] Viene fatta questa proposta in risposta all'opinione assai famosa "Gesù sì, la Chiesa no".

un inquinamento acustico, elettronico-digitale. Troppe sono le cose su-
perflue che ci circondano. A questo riguardo, cosa significherebbe il
silenzio? Sappiamo bene che il silenzio è più vicino alle "orecchie" che
un tacere dalla "bocca". Ma non basta. Bisogna andare all'origine, alla
radice dei rumori che ci abitano, che ci riportano al desiderio. Un'altra
storia ci può essere di aiuto. Un giorno, un uomo vide in sogno che se
avesse acquistato una pietra preziosa, posseduta da un *sādhu* (asceta),
avrebbe trovato la felicità. Al suo risveglio, la mattina dopo, egli uscì da
casa in cerca dell'uomo che aveva visto nel sogno. Dopo la fatica di una
giornata intera, trovò quell'uomo. "La pietra, la pietra, dammi la pietra", gridò. Il *sādhu* tirò fuori dal suo piccolo sacchetto una pietra, la
più preziosa, e la diede all'uomo dicendo: "Prendi. La trovai lungo cammino della foresta questa mattina". La felicità dell'uomo fu indicibile.
Tornò a casa saltando e ballando. Ma il giorno dopo, l'uomo tornò dal
sādhu con un volto rattristato e stanco, dicendo: "Tutta la notte non ho
dormito neanche un momento. Ti restituisco la pietra. Ma ti prego,
dammi quella libertà con la quale ti sei spogliato di questa pietra!".

Il Silenzio, quindi, è lasciar andare il superfluo che pensiamo ci
appartenga, ed è ritenere l'essenziale. Sembra che da questa consapevolezza prendano l'avvio le parole del salmo 45:

> [11] Ascolta, figlia, guarda, porgi l'orecchio,
> dimentica il tuo popolo e la casa di tuo padre;
> [12] al re piacerà la tua bellezza.[7]

Il nostro Signore Gesù, prima di insegnarci il Padre Nostro, la
preghiera per eccellenza, ci dà questa istruzione: "Tu invece, quando
preghi, entra nella tua camera e, chiusa la porta, prega il Padre tuo nel
segreto; e il Padre tuo, che vede nel segreto, ti ricompenserà" (Mt 6:
6). Chiudere la porta ai rumori, ai desideri superflui e disordinati e
chiudere le strade ai nostri capricci. Questo chiudere la porta può essere compreso come un aprire la porta al trascendente.

Anche Ignazio di Loyola, negli *Esercizi*, afferma che

> Prima di entrare nella preghiera si riposi un poco lo spirito, sedendo o
> passeggiando, come meglio sembrerà, considerando dove vado e a che
> (*ES* [239]).

---

[7] Il libro *Audi figlia* di San Giovanni d'Avila, che mette in rilievo l'importanza
del silenzio, prende spunto da questo salmo.

... quanto più la nostra anima si trova sola e isolata, tanto più diventa capace di avvicinarsi e unirsi al suo Creatore e Redentore; e quanto più così si unisce, tanto più si dispone a ricevere grazie e doni dalla sua divina e somma bontà (*ES* [20]).

A questo punto l'uditorio è stato guidato a una esperienza di silenzio con l'obbiettivo di rendersi conto di quanto sia faticoso liberarsi dai rumori interni per fare spazio al silenzio e quindi a Dio.

1.4. Ulteriori passi

Nel *secondo modo di pregare* negli *Esercizi*, Ignazio ci dà le istruzioni per pregare con le preghiere cristiane più importanti. Abbiamo detto sopra che bisogna passare dal *dire* le preghiere al *fare* la preghiera. Ecco un esempio di come si fa quel passo.

...stando in ginocchio o seduto, come ciascuno si sente meglio disposto e trova maggiore devozione, tenendo gli occhi chiusi o fissi su un punto senza muoverli qua e là, si dice "Padre"; su questa parola ci si sofferma a riflettere finché si trovano significati e paragoni, gusto e consolazione nelle considerazioni che si riferiscono ad essa. Si fa lo stesso con ogni parola del Padre nostro o di qualunque altra preghiera che si vuole recitare in questo modo (*ES* [252]).[8]

Il *terzo modo di pregare* negli Esercizi, invece, segue la stessa scia ma semplifica la preghiera, facendola meno discorsiva e più affettiva. La respirazione è un'attività incessante, finché siamo vivi, ed è stata impiegata per pregare da tutte le tradizioni religiose del mondo.

... ad ogni anelito o respiro si prega mentalmente dicendo una parola del Padre nostro o di un'altra preghiera che si vuole recitare; così, tra un

---

[8] Le istruzioni di Santa Teresa d'Avila corredano questo metodo di preghiera. Scrive la santa nel *Cammino di perfezione*: "Ciò che io ora, dunque, voglio consigliarvi è il modo in cui dovete pregare vocalmente, in quanto è giusto che comprendiate quello che dite. E siccome chi è incapace di pensare a Dio può darsi che si stanchi anche di lunghe preghiere, non voglio affatto parlarvi di esse, ma solo di quelle che, come ogni cristiano, dobbiamo necessariamente recitare, cioè il Pater noster e l'Ave Maria, sì che non possano dire di noi che parliamo senza sapere quello che diciamo, salvo che basti, a nostro avviso, seguire l'abitudine, contentandoci solo di pronunciare le parole. Se basti o no, non è affar mio; lo diranno i dotti. Ciò che io vorrei che noi facessimo, figlie mie, è non contentarci solo di questo. Quando, infatti dico «credo», mi sembra giusto che capisca e sappia ciò che credo; e quando dico «Padre nostro», l'amore esige che io comprenda chi sia questo Padre nostro e chi sia il Maestro che ci ha insegnato tale preghiera" (24,2).

respiro e l'altro, si pensa principalmente al significato di quella parola, o alla persona a cui è rivolta, o alla propria pochezza, o alla distanza fra quella grandezza e la propria pochezza. Con lo stesso procedimento e la stessa misura si continua con le altre parole del Padre nostro; infine si dicono nel modo solito le altre preghiere, cioè l'Ave Maria, l'"Anima di Cristo", il Credo e la Salve Regina (*ES* [258]).

Non è adesso il momento di fare un trattato sulla preghiera, ma è importante delineare i primi passi. Anche se non vediamo tutto il percorso, occorre fare il primo passo, come diceva Martin Luther King Jr. Certamente ci saranno delle tappe nella vita spirituale. Questo è stato l'argomento di una delle conferenze della serie. Ci può essere d'aiuto un articolo recente del gesuita Hezel Francis[9], che parla della sua esperienza personale nella preghiera. Nel noviziato egli comincia con la lotta nella preghiera, operando la transizione dal dire le preghiere al farle. Desidera imparare la preghiera del silenzio o la preghiera *contemplativa* propostagli dai suoi maestri. I metodi orientali, specialmente quelli reinterpretati dal gesuita indiano Tony De Mello, di fare il silenzio aiutano Hezel. Mentre va avanti, egli scopre che la sua modalità di pregare subisce dei cambiamenti adeguati e arriva alla consapevolezza che lo Spirito prega in lui e che la preghiera trabocca di vita facendosi vita piena di preghiera. Crescendo nella vita spirituale egli sperimenta l'ideale ignaziano della *contemplazione in azione.*

Il discorso fatto finora può scoraggiare qualcuno, suscitando il dubbio e l'ansia circa la propria adeguatezza per cominciare o continuare il percorso di vita spirituale. Ci si può chiedere se ci siano dei pre-requisiti per iniziare la vita di preghiera, o se si debba fare una specie di anno *propedeutico* nella scuola di preghiera. Fortunatamente la scuola di Dio ammette tutti senza chiedere le credenziali. La pedagogia di Dio segue un metodo unico. Egli ci prende per mano là dove ci troviamo e ci porta avanti. Anzi, ci viene a cercare come il buon pastore che va in cerca della pecora smarrita (Cf. Mt 18: 12-14, Lc 15: 3-7). Questo è il paradosso, spesso il cammino spirituale comincia nel mezzo di una situazione di smarrimento o di crisi.

---

[9] Cf. Hezel Francis X., "Let the Spirit Speak, *Learning to Pray*", *Studies in the Spirituality of Jesuits*, 47/4, 2015.

2. Preghiera e discernimento

Seguendo il titolo della conferenza, sarebbe logico trattare adesso del discernimento. Ma ritengo opportuno parlare prima dello stretto legame fra preghiera e discernimento. Direi che il discernimento è indispensabile per arrivare ad una giusta comprensione della preghiera.

Nel momento in cui una persona prende sul serio la sua vita spirituale, quali sono i criteri per "misurare" il progresso spirituale? Si possono ipotizzare alcune risposte, come la quantità delle ore spese in preghiera, il pregare a lungo senza distrazioni, la fedeltà e la regolarità nella preghiera, etc. Questi criteri certamente indicano qualcosa ma non toccano ancora il punto centrale della preghiera. Negli *Esercizi* Ignazio ci dà, piuttosto, un criterio pratico. Conclude il paragrafo che tratta della riforma della vita così: "Pensi, infatti, ciascuno che tanto profitterà in tutte le cose spirituali, quanto uscirà dal proprio amore, volere e interesse" (*ES* [189]).

Uscire dal proprio amore, volere e interesse ci fa pensare al cammino in discesa che ha fatto il verbo incarnato, la *kenosi*. Paradossalmente, per l'uomo è anche il cammino di divinizzazione, cioè il meraviglioso scambio che ci fa *cristoformi*. Don Fabrizio Pieri, che è intervenuto in questo ciclo di conferenze, ha parlato della iniziazione alla vita spirituale di San Paolo. La preghiera per San Paolo è l'esperienza dell'inabitazione in Cristo, espressa dall'apostolo in questa maniera:

> Abbiate in voi gli stessi sentimenti che furono in Cristo Gesù, il quale, pur essendo di natura divina, non considerò un tesoro geloso la sua uguaglianza con Dio; ma spogliò se stesso, assumendo la condizione di servo e divenendo simile agli uomini; apparso in forma umana, umiliò se stesso facendosi obbediente fino alla morte e alla morte di croce (Fil 2: 5-8) per il quale ho lasciato perdere tutte queste cose e le considero come spazzatura, al fine di guadagnare Cristo (Fil 3: 8).

Spogliandosi del proprio amore, volere e interesse si rende possibile l'abitazione di Cristo in noi. Per Ignazio, lo stesso principio lega strettamente la vita di preghiera alla vita. In che senso? C'è un famoso aforisma che spesso viene associato ad Ignazio: "Prega come se tutto dipendesse da Dio e lavora come se tutto dipendesse da te". L'aforisma sembra logico, addirittura ragionevole. Tanti allievi dei gesuiti sono stati esortati con queste parole, che non troviamo però in nessuno scritto ignaziano, né questo pensiero si allinea con il suo pensiero. Quale sarebbe la possibile conseguenza per la vita spirituale se seguissimo questo consiglio? Può separare la preghiera dalla vita. Pone da una parte la preghiera e dall'altra l'azione. La preghiera e l'azione possono diventare due dimensioni della vita divisibili.

Qual è dunque l'origine dell'aforisma? È una parafrasi semplificata e sbagliata di una formulazione latina più complessa del pensiero ignaziano. L'autore dell'aforisma è Gabriel Havenessi, nel suo libro *Scintillae Ignatianae* (1705). Ecco la traduzione italiana dell'originale:

> Che la prima regola della tua azione sia questa: confida in Dio, come se l'esito delle cose dipendesse in tutto da te, niente da Dio; e senza esitazione, dedíca a Dio tutto il tuo sforzo, come se tu non fossi capace di far niente, Dio solo sia il fattore di tutto.[10]

Questo aforisma complesso riflette più fedelmente il pensiero ignaziano. Il significato è il contrario del precedente. L'aforisma di Havenessi riesce a integrare preghiera e vita, contemplazione e azione. La persona orante deve confidare in Dio come se l'esito delle cose dipendesse da sè stesso e non da Dio. Questo ci porta ad impegnarci nella preghiera, nell' atto di porre la fiducia in Dio. Il confidare in Dio presuppone l'obbedienza alla sua volontà. Dunque, impegnarsi nella preghiera vuol dir, fare silenzio per ascoltare con il cuore la voce di Dio per scoprire la sua volontà per ciascuno di noi - discernimento. L'orante, l'uditore della parola, se non è attento nella preghiera, può sbagliare e sentire altri voci che non rivelano la volontà di Dio. Se si sbaglia nell'ascoltare, nel contemplare, si sbaglia facilmente anche nell'azione che è la conseguenza della contemplazione.

Dopo aver scoperto la volontà di Dio nella preghiera, si procede con ciò che dice la seconda parte dell'aforisma. Dobbiamo adesso dedicare a Dio tutto il nostro sforzo per compiere la sua volontà scoperta nella preghiera. Da chi dipende il frutto della mia azione? Solamente da Dio. L'uomo può solo preparare il campo e seminare bene. Il seminatore, anche se vegliasse tutta la notte, non potrebbe far crescere il seme (Cf. Mc 4: 26-29). Guai se lavorassimo come se tutto dipendesse

---

[10] Tradotta da Emma Caroleo. L'aforisma originale è: *Haec prima sit agendorum regula: sic Deo fide, quasi rerum successus omnis a te, nihil a Deo penderet; ita tamen iis operam omnem admove, quasi tu nihil, Deus omnia solus sit facturus.* Per approfondire vedi, GARCÍA, J.A., "«Confía en Dios como si todo dependiera de ti...»", *MANRESA* 82 (2010), 277-284.

da noi! Questo atteggiamento produce enorme angoscia e toglie la pace interiore. Ci farà "svegliare di notte" inutilmente. Il dedicarsi a compiere la volontà di Dio dopo averla cercata impegnandosi sinceramente nell'ascolto all'interno della preghiera, cioè nel discernimento, ci conduce sulla strada della pace interiore[11], e allo stesso tempo ci fa contemplativi nell'azione o fa·in modo che la vita si trasformi in una continua preghiera.

Papa Fracesco ha accennato a questo atteggiamento nel suo discorso ai padri congregati nella Congregazione Generale 36ª, lo scorso ottobre 2016:

> È anche proprio della Compagnia il servizio del discernimento del modo in cui facciamo le cose. [...] È proprio della Compagnia fare le cose sentendo con la Chiesa. Fare questo senza perdere la pace e con gioia, considerati i peccati che vediamo sia in noi come persone sia nelle strutture che abbiamo creato, implica portare la Croce, sperimentare la povertà e le umiliazioni, ambito in cui Ignazio ci incoraggia a scegliere tra sopportarle pazientemente o desiderarle.[12]

3. Discernimento

Abbiamo visto il legame stretto che intercorre fra la preghiera e il discernimento, e come sia importante discernere nella preghiera la volontà di Dio *per me*, per sviluppare una sana spiritualità. Il verbo discernere significa separare o mettere da parte. Separare cosa? Qual è l'oggetto del discernimento? Sono le mozioni interiori (*mociones*). In altre parole, separare gli innumerevoli desideri che spuntano nei no-

---

[11] Il *Bhagavadgīta* 2: 47 parla del concetto del *niśkāmakarma*, cioè l'azione disinteressata. Il discorso di Kṛṣṇa ad Arjuna è ambientato nel campo di battaglia. Arjuna resta perplesso perché deve muovere guerra contro i suoi fratelli e cugini. Il dovere di Arjuna come guerriero è di fare la guerra per proteggere i giusti. È la volontà divina per lui. È vero che la visione cristiana non è d'accordo con una volontà di Dio scoperta in questo modo. Ma ciò che è interessante è questo. Quello che spinge Arjuna è il compiere la volontà di Dio, cioè proprio l'atteggiamento del *niśkāmakarma*. È il desiderio del frutto della nostra azione che ci fa prigionieri e ci toglie la pace. Bisogna quindi adoperarsi nella consapevolezza di non essere noi a produrre i frutti, bensì solo Dio. Cf. ZAEHNER, R.C., *The Bhagavad-Gita,* Oxford University Press, London-Oxford-New York 1973, 183.

[12] http://w2.vatican.va/content/francesco/it/speeches/2016/october/documents/papa-francesco_20161024_visita-compagnia-gesu.html. Accesso 28.11.2016

stri cuori, quelli che vengano da Dio da quelli provenienti dal maligno. Ignazio ci dice che dobbiamo accogliere le mozioni che vengono da Dio e respingere quelle che provengono dal maligno (Cf. *ES* [313ss]).

Senza fare un discorso approfondito sul discernimento ignaziano, ecco una leggenda presa dalla saggezza del popolo Cherokee che ci dà un bell'insight. Un ragazzo, dopo aver litigato con qualcuno va piangendo da suo nonno. Il nonno, come tanti nonni, cerca di spiegare la lotta interna di suo nipote con un racconto. Ci sono due lupi che abitano dentro di noi e litigano tutto il tempo. Uno è buono e l'altro cattivo. "Nonno, chi vince?", chiede ansiosamente il nipote. E giunge la risposta saggia del nonno: "Dipende, figlio mio, da chi dei due nutri di più".

3.1. Indifferenza

Sono diverse le condizioni necessarie per fare un continuo discernimento nella vita. L'atteggiamento di indifferenza è quella più importante. Chi ha l'appropriato atteggiamento di discernimento guarda il mondo con gli occhi di Dio. Per fare ciò, bisogna rendersi[13] indifferenti rispetto alle realtà di questo mondo. Spiega Ignazio negli *Esercizi*:

> È necessario avere come obiettivo il fine per cui sono creato, che è per lodare Dio nostro Signore e salvare la mia anima; e con questo trovarmi indifferente, senza alcuna affezione disordinata, in modo da non essere inclinato o affezionato più a prendere la cosa proposta che a lasciarla, ne più a lasciarla che a prenderla; ma in modo che mi trovi come nel mezzo di una bilancia, per seguire quello che sentirò essere più a gloria e lode di Dio nostro Signore e per la salvezza della mia anima (*ES* [179]).

L'arte della prospettiva creata dal fratello Andrea Pozzo ci può aiutare meglio a comprendere quello che dice Ignazio. A Roma ci sono almeno due esempi eccellenti delle opere del fratello gesuita, nell'antisala delle Camerette di Sant'Ignazio e nella chiesa di Sant'Ignazio. Per contemplare bene l'opera d'arte, Pozzo segnala, sul pavimento, i punti di vista. Quando ci mettiamo nei punti indicati – "in modo che mi trovi come nel mezzo di una bilancia" – vediamo l'opera nella sua armonia perfetta. Quando ci spostiamo dai punti di osservazione, vediamo le cose in maniera distorta. Farmi indifferente vuol dire trovare il mio giusto punto di vista per guardare la realtà come Dio vuole che

---

[13] E non essere indifferenti, come ci ricordava il P. García Mateo nella sua conferenza di questa serie.

io la guardi. Se il mio punto di vista è sbagliato, guarderò una realtà distorta. Quindi, distorte saranno le mie decisioni.

3.2. Esame quotidiano

Dopo aver proposto il titolo della prima parte del libro degli *Esercizi*, Ignazio comincia una breve descrizione degli *Esercizi* così: "con questa espressione «Esercizi spirituali» si intende ogni modo di esaminare la coscienza..." (*ES* [1]). Questo è indicativo dell'importanza che Ignazio dà all'esercizio dell'esame di coscienza. Inoltre, è un esercizio di preghiera e non una mera attività di introspezione. È un esercizio di preghiera perché si discerne e ci si domanda: " Come Dio è stato presente nella mia vita oggi?". L'Esame quotidiano è anche il momento della giornata (secondo le *Costituzioni* i gesuiti devono fare l'esame due volte al giorno) in cui l'orante prende consapevolezza di tante cose vissute in modo incosciente o per inerzia durante il giorno. Possiamo dire che l'esame è il momento "Giacobbe" della giornata. Questi, svegliatosi dal suo sonno si accorge che "Certo, il Signore è in questo luogo e io non lo sapevo" (Gn 28: 16). Anche l'orante può prendere coscienza dei momenti in cui egli non è stato davanti alla presenza di Dio. Cioè, si accorge dei momenti nei quali ha alimentato le forze del maligno. Ciò accade quando la persona, invece di uscire dal proprio amore, volere e interesse, li cerca.

3.3. Conversazione spirituale

L'esame quotidiano è un esercizio che si fa da soli, nell'intimità del cuore. In questo spazio privilegiato, si va incontro facilmente al pericolo dell'autoinganno. L'orante può cercare il proprio amore e il maligno gli fa credere invece che sta uscendo da esso. È attraverso la conversazione spirituale che Ignazio iniziava le persone alla vita spirituale (conferenza del P. Garcia). Aprire il cuore periodicamente all'accompagnatore spirituale è un ottimo rimedio contro l'autoinganno. L'accompagnatore spirituale è il co-pellegrino che cammina insieme all'orante e rappresenta la Chiesa. È una attività quasi sacramentale. Abbiamo visto che sono necessari la Chiesa e i sacramenti per la crescita spirituale (conferenza del P. Toni Witwer). Il P. Emilio Magaña che ha una lunga esperienza nell' accompagnare seminaristi, religiosi e preti diceva che, nella maggioranza dei casi, quando uno abbandona la vocazione religiosa, la causa principale è l'abbandono della pratica della conversazione spirituale. Dobbiamo ricordare che "nessuno si salva da solo".[14]

Conclusione

La preparazione di questa conferenza mi ha fatto pensare alle parole di Madre Teresa di Calcutta, considerate come il suo biglietto da visita. Le ho lette tante volte, ma solo in questa occasione mi sono accorto che esse sono frutto di una lunga esperienza di vita spirituale. Le parole sono:

> Il frutto del silenzio è la preghiera
> Il frutto della preghiera è la fede
> Il frutto della fede è l'amore
> Il frutto dell'amore è il servizio
> Il frutto del servizio è la pace

Abbiamo cominciato vedendo come sia indispensabile fare il silenzio per entrare nella preghiera. La preghiera è un atto di fede, è un confidare in Dio, nonchè l'ascolto che ci rivela la sua volontà – il discernimento. La preghiera è un atto d'amore o contemplazione. Il servizio, o l'azione, è la conseguenza della contemplazione. L'azione disinteressata, o il dedicare tutti i nostri sforzi per compiere la volontà di Dio, con la consapevolezza che Egli è il fattore di tutto, ci dona la vera pace.

Ogni persona è unica e irrepetibile, come il suo cammino spirituale. Ognuno prega come può. O meglio, lascia che lo Spirito preghi in lui/lei a modo suo. Nonostante ciò, per capire come lo Spirito ci guida, ci servono gli esempi dei santi. Vorrei menzionare tre santi, così come appaiano a prima vista, come tre grandi paradigmi (non sono esaustivi). Possiamo guardarci dentro di loro come se fossero tre grandi specchi. 1. Sant'Ignazio di Loyola ha un "prima" rispetto all'esperienza della sua conversione (vissuta intensamente in un spazio di circa due anni); e ha un "dopo", nel quale avviene una progressione spirituale approfondita. 2. In Santa Teresa d'Avila possiamo discernere tre periodi significativi del cammino spirituale, "primo" "di mezzo" e "dopo". Il primo periodo (i primi 20 anni) è della giovinezza, ed è dedicato principalmente alle preoccupazioni "mondane". Il periodo

---

[14] http://w2.vatican.va/content/francesco/it/audiences/2014/documents/papa-francesco_20140115_ udienza-generale.html. Accesso 28.11.2016.

di mezzo, ancora più o meno 20 anni, è il periodo fra la prima e la seconda conversione nella quale lei vuole vivere in due mondi contemporaneamente.[15] Il terzo periodo è quello della fecondità spirituale crescente, senza ricadute. 3. San Giovanni della Croce è un modello di progressiva crescita spirituale fin dalla sua infanzia. La vita spirituale iniziata può prendere delle strade imprevedibili perché così sono le strade del Signore, imperscrutabili (Cf. Is 55: 6-13). La vita spirituale è un'avventura. Nell'intraprendere questo cammino d'avventura si scopre il Dio delle sorprese.

---

[15] Che ella stessa descrive come:"Così, dunque, di passatempo in passatempo, di vanità in vanità, di occasione in occasione, cominciai a espormi a tali tentazioni e ad avere l'anima così guasta da tante vanità, che mi vergognavo di tornare ad avvicinarmi a Dio, con quella particolare amicizia, che è data dall'orazione; a questo contribuì il fatto che, aumentando i peccati, cominciò a mancarmi il gusto e il piacere delle pratiche di virtù" (*Vita* 7,1).

Gli autori

ROGELIO GARCÍA MATEO S.J., Professore emerito presso la Pontificia Università Gregoriana.

JAIME EMILIO GONZÁLEZ MAGAÑA S.J., Professore presso l'Istituto di Spiritualità della Pontificia Università Gregoriana, *emilio@unigre.it*

PAVULRAJ MICHAEL S.J., Professore di teologia presso l'Istituto di Spiritualità della Pontificia Università Gregoriana; *michael@unigre.it*

FABRIZIO PIERI, Professore di Teologia biblica presso l'Istituto di Spiritualità della Pontificia Università Gregoriana.

PAUL ROLPHY PINTO S.J., Professore di Teologia presso l'Istituto di Spiritualità della Pontificia Università Gregoriana, *rolphypinto@g-mail.com*

TONI WITWER S.J., Preside dell'Istituto di Spiritualità della Pontificia Università Gregoriana e Postulatore Generale della Compagnia di Gesù, *witwer@sjcuria.org*

ROSSANO ZAS FRIZ DE COL S.J., Professore di Teologia Spirituale presso l'Istituto di Spiritualità della Pontificia Università Gregoriana, *zasfriz@unigre.it*

Indice degli autori

Indice

Finito di stampare nel mese di settembre 2017
presso Printbee.it - Noventa Padovana (PD)